Klöße, Bratwurst und andere Spezialitäten

So kochen und essen die Thüringer

Das Thüringer Kochbuch

Text: Inge Schade
Zeichnungen: Wolfgang Schlegel
Gestaltung: Jochen Breternitz

Herausgeber: VVL Verlag + Vertriebsagentur
Klaus Lehmann, Suhl

ISBN 3-00-002592-8

Inhalt

Alte Thüringer Kochrezepte

Thüringen war immer, und das bedingt durch die Lage, ein armes Land. Ganz besonders betraf dies die Bevölkerung in den höher gelegenen Orten. Danach ausgerichtet War auch der „Küchenzettel“.

Ihre Existenzgrundlage schuf sich die Bevölkerung vor allem aus dem Ackerbau und der Viehzucht sowie der Heimarbeit. Sie war geprägt von der Eigenversorgung der Dorfbewohner und eines rationellen Nahrungsmittelverbrauches. Vorwiegend gab es pflanzliche Produkte, Fleisch nur an den Feiertagen und das vorwiegend bei denen die sich ein Schwein oder anderes Viehzeug halten konnten. Hering galt als Festessen. Die Kartoffel war das Hauptnahrungsmittel, sie wurde zum Frühstück, zum Mittag und zum Abendbrot gegessen. Ein altes Thüringisches Wörterbuch sieht das so:

„Morgens rund, mittags gestampft,
abends in Scheiben, dabei soll´s bleiben,
es ist gesund“.

oder
„Kartoffeln in der Früh,
zu Mittag in der Brüh,
des abends mit samt dem Kleid
Kartoffeln in Ewigkeit“.

Im Laufe der Zeit kam man immer mehr von den einfachen Rezepten ab und paßte sich dem städtischen Vorbild an. Der Speisezettel wurde umfangreicher und komplizierter. Trotzdem haben sich bis in die heutige Zeit alte Traditionen durchgesetzt. Feste und Feiern im Jahreslauf und im persönlichen Leben wurden und werden auch in Thüringen in unterschiedlicher Art und Weise begangen.

Speisen und Getränke spielen bei jeder Feierlichkeit eine große Rolle. Zu Weihnachten ist es allgemein üblich, Stollen, die in Thüringen Schittchen, genannt werden, zu backen. Wer zu Weihnachten gut lebte, der sollte auch im kommenden Jahr gut leben. Deshalb ist es auch nicht verwunderlich, das Klöße und ein fetter Braten zum Festmahl gehörten. Ein noch heute traditionelles Silvestergericht ist der Karpfen. Viele Schuppen bedeuten für das kommende Jahr viel Geld. Auch jetzt soll es noch Leute geben, die aus diesem Grunde eine Schuppe in ihre Geldbörse legen.

Klöße

Zu den beliebtesten Klößen und das schon weit über die Grenzen Thüringens hinaus, gehören die Thüringer Klöße.

Wo aber sind die Thüringer Klöße am echtesten?

Diese Frage wird wohl niemals zu allseitiger Zufriedenheit beantwortet werden können. Schon gar nicht in Thüringen, wo jeder auf sein Rezept schwört. Fest steht aber, das sie überall echt sind und mit einem guten Braten serviert zu einem wahren Genuß werden. Ein altes Gedicht, entnommen aus dem Kochbuch von Emma Allestein (1872).

Thüringer Kloßrezept

Als noch vor alten Zeiten
Im deutschen Vaterland
Die Völker thäten streiten,
wie männiglich bekannt,—
Mit Bogen, Schwert und Speeren,
Mit Keul und Morgenstern,
Doch nicht mit Schießgewehren,
Da ward den Thüringern—
Zum Spott oft vogehalten,
Ihr Zorn war darob groß,
Daß sie, die Jung'n und Alten,
So gerne essen Kloß.—
Der Kloß war nur von Mehle,
Mit Hefen angemacht,
Dieweil noch nicht Kartoffeln
Franz Drake ins Land gebracht.—
Doch seit die edlen Knollen
In Deutschland heimisch sind,
Solanum tuberosum,
Die kennt jetzt jedes Kind,—
Ist mit der höheren Bildung
Gestiegen auch die Kunst
Der Speisenzubereitung,
Viel mehr denn jemals sonst.—
Statt zu des Mehlesklößen,
Im Thal wie auf dem Berg,
Von Saalfeld bis nach Kösen,
Von Ruhl' bis Sonneberg,—
Speist man den Sonntagsbraten
Zu einem „Rohen Kloß",
Auch sollen zwei nicht schaden,
Wenn ja der Hunger groß.—
Drum will ich euch verraten,
Als thüring'scher Adept,
Zum Heil für euren Braten,
Das „Rohe-Kloß"-Rezept:
Kartoffeln soll man wählen,
Von Art groß, gut und fein,
Und soll recht zart sie schälen,
In Wasser legen ein.—
Das feinste der Reibeisen
Nimm, reib' sie gänzlich klar,
Doch in die Schüssel thue
Viel Wasser hell und klar.—
Mit Wasser ferner fleißig
Begieße auch den Brei,
Damit nicht grau noch rötlich
Die sanfte Mischung sei.—
Die fülle dann bedachtsam
Ins Säcklein fest und dicht,
Legs in die Presse achtsam,
Sei ja zu hastig nicht!—
Ist dann ganz abgelaufen
Der stärkehalt'ge Saft,

Thüringer Dorf

So bleibt im Sack zurücke
Des Kloßes beste Kraft. –
In einer großen Schüssel,
Sei sie von Holz, von Thon,
Wird dann recht klar zerbröckelt
Der Presse fester Sohn. –
Mit heißer Milch begossen,
Quillt mächtig er nun auf,
Durchknetet und durchrühret
Von starken Quirles Knauf. –
Indes ward altes Weißbrot
Geschnitten würflich klein,
Mit Butter in der Pfanne
Geröstet bräunlich fein. –
Nun nimm', soviel das Händchen
Vom Brei erfassen kunnt',
Und bilde draus geschäftig
Des Kloßes lieblich Rund. –

Leg' in die Mitte reichlich
Der Bröcklein auch hinein,
und senke dann das Ganze
in kochend Wasser ein. –
Doch laß des Kessels Hitze
Nicht werden allzugroß,
Soll es recht gut geraten,
Nur ziehen darf der Kloß. –
Ein kleines Viertelstündlein,
dann nimm ihn sanft heraus
Und trag ihn köstlich dampfend
Hin auf den Tisch zum Schmaus.
In reichlich Bratenbrühe
Will er getunket sein.
Auch darf man ihn nicht schneiden,
zerlegen nur allein. –

Das Rezept wird immer von der Mutter auf die Tochter vererbt. Man kann es auch nur dann richtig, wenn man es unter Aufsicht der Mutter das erste Mal durchführt. Für die Klöße benötigt man als Zutaten weiter nichts als Kartoffeln, Wasser und etwas Salz und Weißbrot zur Füllung.

Zwei Grundrezepte haben sich durchgesetzt, wenn auch die „Echtheit“ der Variante mit Grieß umstritten ist.

Ohne Worte

Echte Thüringer Klöße

Zutaten für 10 bis 12 Thüringer Klöße:

3000 g Kartoffeln (groß und möglichst stärkehaltig),
1 Eßlöffel Salz,
2 bis 3 Brötchen oder Weißbrot,
50 g Butter.
Von den Brötchen oder Brot Würfel schneiden und in der Butter knusprig rösten.

2000 g Kartoffeln schälen, waschen und sofort in frisches kaltes Wasser geben, um Verfärbungen zu vermeiden (wichtig für die Farbe der Klöße). Die so vorbereiteten Kartoffeln mit der Hand oder mit der Küchenmaschine möglichst fein reiben, und zwar so, daß der Reibebrei in eine Schüssel mit handwarmem bis lauwarmem Wasser einrinnt, wo das Wasser den Brei knapp bedeckt. Die rohe Reibemasse im Wasser auswaschen und alles stehen lassen, bis sich die Reibemasse und die Stärke völlig abgesetzt haben. Das über der Reibemasse stehende, meist rötlich aussehende und schaumige Wasser vorsichtig, ohne die Stärke aufzurühren, abgießen. Mehrmaliges Waschen nimmt den Kartoffeln den rohen Geruch und verbessert die Farbe. Die Reibemasse mit der noch verbliebenen Flüssigkeit über einer großen Schüssel in einen sogenannten „Kloß-Preßsack" schütten, gut abtropfen lassen und in einer Presse tüchtig auspressen. Das ausgepreßte Wasser etwas stehen lassen, damit sich die mitausgepreßte Stärke am Boden absetzt, dann das darüberstehende Wasser abgießen und die Stärke zu der ausgepreßten Reibemasse in eine entsprechend große Rührschüssel geben. Die Reibemasse etwas zerpflücken bzw. zerkrümeln und gleichmäßig ganz locker auf dem Schüsselboden verteilen.

1000 g Kartoffeln – geschält, gewaschen, geviertelt oder gewürfelt – mit Wasser ohne Salz zu einem Brei kochen, der eher etwas suppig als zu fest sein soll. Die Kartoffeln fein zerstampfen oder durch ein Sieb streichen. Der suppige Brei muß absolut klümpchenfrei sein und bleibt bis zur Weiterverarbeitung kochendheiß im Wasserbad, um ein Anbrennen zu vermeiden.

Dann den sprudelnd kochenden dünnen Kartoffelbrei in zwei bis drei großen Teilen breit und gleichmäßig über die Reibemasse schütten und das Ganze zunächst schnell verrühren und dann kräftig durchkneten. Man kann den Aufschließungsprozeß der Stärke und die zunehmende Gare an der zunehmenden Zähigkeit erkennen. Der Teig ist gut, wenn er sich beim Kneten (mit einem großen Holzquirl) vom Schüsselrand löst. Er darf auch nicht mehr nach rohen Kartoffeln schmecken.
Von der fertige Kloßmasse, mit in kaltem Wasser angefeuchteten Händen, Klöße formen. In die Mitte jedes Kloßes 4 bis 5 geröstete Semmelwürfel geben, die Klöße in siedendes, leicht gesalzenes Wasser gleiten lassen und bei kleingestellter Flamme etwa 15 Minuten ziehen lassen. Sie dürfen nicht kochen.
Sie sollten grundsätzlich frisch serviert werden.

Thüringer Klöße passen zu allen Fleischgerichten.

Einige Arbeiten werden heute mit der Küchenmaschine vorgenommen. Dazu gehört das Reiben der Kartoffeln sowie das Auspressen.

Thüringer Klöße mit Grießmasse

Zutaten für 10 bis 12 Klöße:

2000 g Kartoffeln (groß und möglichst stärkehaltig),
1Eßlöffel Salz,
1/2 l Milch,
50 g Grieß,
2 bis 3 Brrötchen,
50 g Butter

Die Brötchen in Würfel schneiden und in der Butter knusprig rösten.
Die Zubereitung ist genau wie bei den „Echten Thüringer Klößen".
Es werden lediglich alle Kartoffeln zu einer rohen Reibemasse verarbeitet. Anstelle des Kartoffelpürees wird eine Masse von Milch und Grieß (suppenartiger Grießbrei) ausgequollen und zur Reibemasse gerührt.

Mehlkloß—Hefekloß

Zutaten: (für 4 Personen)

30 g Hefe,
1/4 l Milch,
500 g Mehl,
2 Eier,
50 g Zucker,
50 g Butter oder Margarine, Salz,
abgeriebene Zitronenschale

Die zerbröckelte Hefe in der lauwarmen Milch verrühren, in eine Vertiefung des gesiebten Mehls gießen und mit Eiern, Zucker, zerlassener Butter und Gewürzen zu einem Teig verarbeiten. Mindestens 1 Stunde warm gestellt gehen lassen, nochmals gut kneten, zu Klößen formen und wieder gehen lassen, bis sich die Oberfläche geglättet hat. In einer Serviette über siedendem Wasser garen (ca. 30 Min.). Der fertige Kloß wird nicht zerschnitten, sondern nur mit 2 Gabeln zerrissen. Eine Schnittfläche nimmt nicht genug Soße auf. Zu den Klößen ißt man Sauerbraten oder Heidelbeeren etwas angedickt, Zwetschgen- oder Birnenbrühe.

Stärkeklöße

Zutaten: (4 Pers.)

ca. 2000 g Kartoffeln,
Stärke nach Bedarf

Kartoffeln schälen und kleinschneiden, mit Wasser weichkochen, pürieren und heiß, aber nicht kochend in eine Schüssel gießen, in die vorher reichlich Stärkemehl und Salz gestreut wurde. Gut verrühren und bei Bedarf noch Stärke zugeben. Es kann auch eine Handvoll Grieß mit den Kartoffeln gekocht werden.
Klöße formen, in die Mitte die vorher in Butter gerösteten Semmelstückchen geben und in heißem Wasser garziehen lassen.

Thüringer Serviettenkloß

Zutaten: (fur 4 Personen)

400 g Weißbrot,
1/2 l Milch,
4 Eier,
1 Prise Muskat,
Salz

Über das kleinwürfelig geschnittene Weißbrot wird die mit den übrigen Zutaten verquirlte Milch gegossen. Die gut durchweichte Masse in eine gebrühte Serviette binden, welche so zusammengeknotet wird, daß dem Kloß zum Aufgehen Platz bleibt. Über einen Quirlstiehl in kochendes Wasser hängen und etwa 45 Minuten sieden lassen.

Thüringer Pfannenkloß

Zutaten:

1 kg Schweinefleisch,
1 kg Mehl,
15 g Hefe,
1/2 l Milch,
1 Ei,
250 g Butter,
Salz, Pfeffer, Muskat,
20 Birnen

Das Schweinefleisch reibt man tags zuvor mit 1 Eßlöffel Salz und etwas Pfeffer ein und läßt es gut durchziehen.
Von dem Mehl, der Hefe und 1/6 l Milch macht man ein Hefestück und läßt es 45 Minuten gehen. Dann gibt man die restliche Milch, das Ei, die Butter, 1 Teelöffel Salz und etwas Muskat dazu, mengt einen nicht zu festen Teig und läßt diesen noch 45 Minuten gehen. Die Birnen werden geschält und mit Zucker gut untermengt.
Dann nimmt man eine große, gutschließende Pfanne, legt in die Mitte das Schweinefleisch, auf die eine Seite den Teig, auf die andere die Birnen, gießt die Pfanne halb voll kaltes Wasser und schiebt sie in die Backröhre. Hier muß die Speise 3 Stunden bei mäßiger Hitze backen, so daß Kloß und Fleisch eine braune Rinde bekommen. Sollte die Sauce zu sehr einkochen, so muß man etwas nachgießen. Nach Belieben kann man auch Äpfel verwenden, doch muß man vorher bei denselben das Kernhaus herausstechen.

Über die Thüringer Klöße gibt es viele Geschichten, die immer weiter erzählt werden.

Thüringer Klöße

Irgendwo in einem Urlaubsort trafen sich einmal zwei Klöße, von denen der eine ziemlich grau und fahl aussah, während der andere, offenbar ein ganz ausgekochter Bursche, recht zerfranst und mitgenommen wirkte. Beide rochen noch fünfzig Meter gegen den Wind deutlich nach rohen Karoffeln.
„Wetten, daß du ein Thüringer bist?", sagte der eine.
„Klar", gab der andere zurück. „Ich bin aus Dingsda im Thüringer Wald!"
„Wie sich das trifft!", rief der erste. „Ich komme aus dem Thüringer Wald, und zwar aus Bumsda!"
Dann waren sie still. Beide fühlten sich nicht wohl in ihrer Haut, denn sie hatten sich gegenseitig angeschwindelt, was ein aufmerksamer Zuhörer sofort an ihrer sächsischen beziehungsweise norddeutschen Sprechweise erkannt hätte.

Zum Glück kam gerade in diesem Moment ein großer Urlauberbus mit der Aufschrift „Neuhaus am Rennsteig", hielt an, und heraus purzelten viele pausbäckige, kugelrunde, appetitlich anzusehende Klöße. „Schaut mal, da sind ja Verwandte von uns!", rief einer von ihnen, und schon standen die beiden unansehnlichen Klöße in einem Kreuzfeuer von Fragen. „Was ist denn mit euch? Warum seht ihr so schlecht aus? Wo seid ihr denn her?"
Na, aus Thüringen stammelten die beiden wie aus einem Munde, „aus Dingsda und aus Bumsda im Thüringer Wald!"
Da fielen die kugelrunden Klöße ersteinmal vor Lachen auf den Rücken und kullerten eine Weile herum, dann aber wurden sie emst, und der größte von ihnen sagte streng zu den beiden. „Hört mal! Dingsda und Bumsda gibt's in Thüringen überhaupt nicht! Echte Thüringer Klöße stammen aus Sonneberg, Steinach, Lauscha und Neuhaus am Rennsteig, merkt euch das! Ihr aber seid Nachgemachte, Halbseidene, ihr seht jämmerlich aus, ihr riecht ganz abscheulich! Jeder erkennt euch sofort als Hochstapler—was habt ihr euch bloß dabei gedacht?" „Eigentlich können wir nichts dafür", sagte der Blasse zerknirscht, schuldig sind unsere Schöpfer! Die haben euch mal irgendwo kennengelernt, aber bloß so ganz oberflächlich, ohne genau hinzusehen und der Sache auf den Grund zu gehen."

„Nein, das ist es nicht", warf der Zerfranste bockig ein. „Schuld sind allein die Thüringer, die aus Eigensinn oder Bosheit ihre Rezepte geheimhalten oder so verworren wiedergeben, daß kein Mensch daraus klug wird!"

„Jetzt reicht's aber", rief der große Thüringer Kloß so erbost, daß er an der Seite etwas aufplatzte und ein paar geröstete Semmelbröckchen verlor. „So redet man nicht mit Verwandten, zumal sich über Geschmack ohnehin nicht streiten läßt. Jedenfalls darf sich Thüringer Kloß nur jemand nennen, der wirklich einer ist!" Sprach's und rollte allen voran ins Gasthaus, wo der Zwist bei Sauerbraten und Kohl begraben wurde. Und wenn die Klöße nicht aufgegessen wurden, so kullern sie heute noch herum.

(Kurth's Illustriertes Kochbuch 1879)

Zottelklöße

Thüringer Rostbratwürste und Thüringer Rostbrätl

Gleichrangig mit den Thüringer Klößen sind die Thüringer Bratwürste und das Thüringer Rostbrätl.

Diese beiden Spitzenreiter der Thüringer Küchenspezialisten sind von den Garten- und Volksfesten in Thüringen nicht wegzudenken und haben längst ihren Siegeszug auch in andere Gegenden unserer Heimat angetreten.

Rostbrätl und Rostbratwürste sind natürlich am aromatischsten, wenn sie auf dem Rost gebraten werden, doch sie entwickeln Duft und Geschmack nicht nur über der Holzkohlenglut, sondern auch in der Pfanne. Damit die Würste schön knusprig werden, muß man sie ab und zu wenden und mit kaltem Wasser bespritzen. Sie schmecken gut zu Sauerkraut oder Rotkohl—der Thüringer ißt sie am liebsten mit Senf und Brötchen. Zu den Rostbräteln, die auf dem Rost nicht nur mit Wasser, sondern auch mit Bier beträufelt werden gibt es reichlich geröstete Zwiebeln und als Beilage Mayonnaisensalat.

Der Thüringer Heimatdichter Anton Sommer wußte zu „de Bratworscht offn Rost" folgendes zu sagen:

„Un nach' de Bratworsch offn Rost,
De Mensch kann se hier nech entbehre,
Un wan se a etze acht Kreitzer kost,
Se muß doch gegassen ware;
Un wammer ersch's hier känne
Worscht merre sieht,
Da es a gewöß, daß de Worscht ongergieht."

Thüringer Bratwurst

Die **Thüringer Rostbratwurst** bestellt man am besten beim Fleischer oder beim Hausschlächter, die sie beide nach altüberlieferten Rezepten zubereiten, wobei es in den verschiedenen Gegenden kleine Abweichungen vom Grundrezept gibt.
Das Grundrezept: 2/3 Schweinfleisch (Schulter oder Keule) mit etwas Fett und 1/3 Kalbfleisch (ebenfalls von Schulter oder Keule) mit etwas Salz durch den Fleischwolf (mittlere Scheibengröße) drehen, Fleischmasse mit Salz, reichlich weißem Pfeffer, etwas Muskatblüte und Kümmel kräftig würzen, nochmals durch den Fleischwolf drehen, in saubere Schweinedärme füllen und davon Würstchen (etwa 100 g) oder Würste (150 g - 200 g) abseilen. Die Masse soll im Darm lose gestopft sein, damit sie nicht platzt, und an beiden Enden muß ein Stück Darm 1 - 1 1/2 cm überstehen.

Thüringer Rostbrätel-Spezialität

Zutaten:

Schweinekamm entsprechend der Gäste,
1 Flasche Bier,
5 Eßlöffel Öl,
Zwiebeln,
1 Eßlöffiel Senf,
Salz, Pfeffer

Den Schweinekamm in Scheiben schneiden, leicht klopfen, mit Pfeffer würzen und mit wenig Öl bestreichen. Aus Bier, Senf, etwas Öl, Salz und Pfeffer eine Marinade rühren, in die man die vorbereiteten Fleischscheiben legt. Alles 12 - 24 Stunden, kühlgestellt und abgedeckt, durchziehen lassen. Die Rostbrätel abtropfen lassen, auf dem Grill oder mit wenig Öl in der Bratpfanne sehr saftig braten. Die Zwiebeln in Scheiben schneiden, leicht anbräunen und auf die Rostbrätel legen.
Dazu kann Brot, Semmeln oder Kartoffelsalat mit oder ohne Mayonnaise gegessen werden.

In den letzten Jahren wird auch Fleischteig auf dem Rost gebraten und erfreut sich einer besonderen Beliebtheit.

Hackfleisch (Gehacktes beim Fleischer schon vorbereitet) wird noch wie oben bereits erwähnt mit Gewürzen, Zwiebeln, Eiern, Semmelmehl und etwas Wurzelwerk (Petersilie, Schnittlauch oder anderes) ergänzt und zu kleinen Klößen geformt auf dem Rost gebraten.
Gegessen wird dazu Semmel, Brot oder auch Kartoffelsalat.

Schlachtfest

Fleischgerichte

Das Fleisch zählt schon lange zu den wichtigsten Gerichten auf dem Küchenzettel. Dazu zählt das Rind-, Schweine-, Kalb-, Lamm- aber auch das Geflügelfleisch. Wild war in den früheren Zeiten nur dem Adel vorbehalten.

Das Schweinefleisch war über viele Jahrhunderte hinweg praktisch die einzige Fleischquelle für die armen Schichten.
Als Hausschwein konnte es wegen seiner Genügsamkeit nebenher miternährt werden. Wenn zum Winterbeginn das Futter knapp wurde, hat man es geschlachtet. Die Haltbarmachung war kein Problem, denn schon lange waren die Methoden des Einpökelns und des Räucherns bekannt. Damit wurden Schinken und Speck gewonnen. Das Schlachtfest war eines der größten Feste im Jahr. Es wurde Wurst und Gehacktes gemacht. Zum Frühstück gab es Wellfleisch und Brühe. Später wurde das Gehackte gekostet. Das beste aber war „Sauersch" mit Thüringer Klößen und Sauerkraut. Zu dem „Sauersch" wurden alle anfallenden Wursttteige (Leberwurst, Rotwurst, Sülzwurst) und etwas eingeschnittenes Fleisch verarbeitet. Das Ganze wird (je nach erforderlicher Menge), mit Salz, Pfeffer, Lorbeerblatt, Gewürzkörnern, Zwiebeln, Majoran und Essig gewürzt. Nach dem entsprechenden Aufkochen werden in die Masse rohe Kartoffeln gerieben um sie sämig zu machen.

Schinken im Brotteig

ist ein feines Gericht, das seit langer Zeit bei uns bekannt ist.
Wer es selbst probieren will, sollte einen kleinen, nicht zu salzigen Schinken wählen. Den Schinken in Brotteig hüllen und bei mittlerer Hitze je nach Größe 1 - 2 Stunden backen (Am besten läßt man ihn vom Bäcker backen).
Dann von einer Schmalseite dieses Brotes einen Deckel abschneiden und den Schinken vorsichtig herausgleiten lassen. In Scheiben schneiden.
Das Brot längs halbieren, daß eine längliche Vertiefung entsteht. In dieser Hälfte die Schinkenscheiben anrichten, die andere Brothälfte in Stücke schneiden und diese um die Schinkenscheiben herum anrichten.

„Gar lieblich dringen aus der Küche
bis an das Herz die Wohlgerüche.
Hier kann die Zunge, fein und scharf,
sich nützlich machen, und sie darf."

Wilhelm Busch

Schweinefleisch

Thüringer Topfbraten

Zutaten:

1 kg Zunge, Schnauze, Backe, Niere, Herz, Ohr und einige Schwarten vom Schwein,
2 Zwiebeln,
6 Pfefferkörner,
1 Lorbeerblatt,
1gehäufter Teelöffel Salz
werden in etwa 2 Liter Wasser weichgekocht und durch ein Sieb gegossen.

3 Zwiebeln werden mit 1/2 Teelöffel Zucker und 1/2 Teelöffel Salz in Weinessig gekocht und zur Fleischbrühe gegeben, mit Nelken und Pfeffer abschmecken. Damit die Soße sämig wird, gibt man eine entsprechende Menge Soßenpfefferkuchen dazu. Das in Stücken geschnittene Fleisch kommt in die Soße und läßt es mit einigen Zitronenscheiben aufkochen, schmeckt nochmals mit Salz, Zucker und Essig ab und serviert es mit Thüringer Klößen oder Mehlklößen.

Flecke

Zutaten:

1 kg Innereien,
5 Gewürzkörner,
2 Lorbeerblätter,
2 Zwiebeln,
6 Wachholderbeeren,
Salz, Pfeffer,
1/2 Tasse Blut,
Kartoffelmehl

Die Innereien mit den Zwiebeln und den Gewürzen gar kochen und durch ein Sieb schütten. Die Brühe mit Kartoffelmehl andicken und dazu das Blut geben, zuletzt das in Stücken geschnittene Fleisch.

Dazu ißt man Zampe.

Schmorrippchen mit Kraut

Zutaten: (für 6 Personen)

1000 g Schweinerippchen,
500 g Sauerkraut,
2 Zwiebeln,
2 Eßlöffel Schmalz,
1 Eßlöffel Tomatenmark,
1 Eßlöffel Edelsüßpaprika,
Salz, Kümmel, Majoran,
Knoblauchsalz

Die in Scheiben geschnittene Zwiebel in Schmalz goldgelb anschwitzen, die in Stücke von etwa 5 - 6 cm gehackten Rippchen, mit Salz, Kümmel und Knoblauch gewürzt, dazugeben und scharf anbraten. Wenn die Rippchen gut gebräunt sind, das Tomatenmark auf das grobgeschnittene Sauerkraut, mit dem Edelsüßpaprika gemischt, hinzufügen und alles in der Röhre im eigenen Saft garen lassen.

Dazu Salzkartoffeln oder Kartoffelpüree.

Saure Rippchen

Zutaten:

1000 g Schälrippchen,
1 Eßlöffel Schmalz,
2 Zwiebeln,
1 Eßlöffel Tomatenmark,
2 Eßlöffel Mehl,
1 Teelöffel gekörnte Brühe,
1/4 l Buttermilch,
Salz, Pfeffer,
Zucker

für die Marinade:
11/2 l Wasser,
1/2 l Essig,
4 Zwiebeln,
1 Möhre,
1 Stück Sellerie (150 g),
3 Lorbeerblätter,
5 Nelken,
10 Pfefferkörner,
Thymian

Für die Marinade Wasser und Essig mit den Gewürzen zum Kochen bringen, geraspelte Möhre, Sellerie und die grobgewürfelten Zwiebeln dazugeben, alles 10 Minuten kochen und dann erkalten lassen.
Die in Stücke geteilten Rippchen mit wenig Salz und Pfeffer einreiben, in ein entsprechend großes Gefäß geben (Keramik oder Steingut), die Marinade übergießen. Dann das Gefäß abdecken, kühlstellen und die Rippchen 3 bis 5 Tage marinieren lassen. Danach die Rippchen gut abtropfen lassen, in sehr heißem Schmalz anbraten, grobe Zwiebelwürfel dazugeben, nach und nach mit etwas Marinade unter Zugabe von gekörnter Brühe und Tomatenmark auffüllen. Sind die Rippchen gar, den Bratensatz mit dem in Buttermilch verquirltem Mehl binden.

Dazu Klöße und Frischkostsalat.

Zwiebelschweinshaxe

Zutaten:

2 große Schweinshaxen,
750 g möglichst kleine Zwiebeln,
200 g rohes Sauerkraut,
3/8 l Brühe,
3/4 l Bier,
1/4 l saure Sahne,
2 Eßlöffel Mehl,
2 Eßlöffel Tomatenmark,
Salz, Pfeffer, Paprika,
gehackter Kümmel, Rosmarin

Die gesäuberten Schweinehaxen trockentupfen, mit einem Gemisch von Salz, Pfeffer, Paprika, gemahlenem Kümmel und Rosmarin einreiben und etwa 30 Minuten stehen lassen. Dann in einer großen Pfanne mit drei Tassen kochendem Wasser ansetzen und in der Röhre bei öfterem Wenden begießen etwa 2 bis 2 1/2 Stunden braten. Nach ungefähr 1 1/4 Stunde Bratzeit die geschälten, aber nicht kleingeschnittenen Zwiebeln dazu geben. Mit der gleichen Gewürzmischung wie die Haxen überstreuen, die Brühe angießen, das Tomatenmark und das rohe, etwas kurzgeschnittene Sauerkraut untermischen und alles in der Röhre weiter garen und bräunen lassen. Wenn die Haxenschwarte eine goldgelbe Farbe annimmt, ab und zu mit Bier beträufeln, häuflg übergießen und schön glasieren lassen. Wenn die Haxe gar ist, den Bratensaft und das Zwiebelgemüse mit saurer Sahne, zu der man etwas Mehl gequirlt hat binden. Noch einmal aufkochen und dann zugedeckt 15 - 20 Minuten durchziehen lassen. Dazu Thüringer Klöße und Sauerkraut.

Schweineröllchen

Zutaten:

750 g Schweinefilet,
5 Zwiebeln,
150 g grüne Gurke oder Gewürzgurke,
150 g Gemüsepaprika,
3 Eßlöffel Öl,
Salz, Kümmel,
Pfeffer, Paprika,
Lorbeerblatt

Das Schweinefilet in dünne Scheiben schneiden, flachklopfen und mit Salz, gehacktem Kümmel, Pfeffer, schwarfem Paprika und etwas zerbröckeltem Lorbeerblatt würzen. Auf die Filetscheiben reichlich in Scheiben geschnittene Zwiebeln geben, die Scheiben zusammenrollen und abwechselnd mit Scheiben von Gurke und Zwiebel und Stücken von Gemüsepaprika auf Spieße oder

Holzspeiler stecken. Je Person 3 - 4 Filetröllchen. Die leicht geölten Spieße in der Pfanne oder auch im Grill knusprig braten und mit Salat anrichten.

Dazu Brötchen oder Vollkornbrot, Reis, Pommes frites oder Kartoffelpüree.

Zwiebelschweinelendchen

Zutaten:

750 g Schweinfilet,
500 g Zwiebeln,
150 g Butter,
75 g Speck,
50 g Öl,
1/2 Glas Letscho,
Champignons,
saure Sahne,
Salz, Pfeffer

Die Schweinefilets von Fett und Sehnen befreien, in Stücke von etwa 60 g schneiden, leicht klopfen, mit Salz, Pfeffer und ein paar Tropfen Worcestersoße würzen. In heißem Öle schnell anbraten und kurz in heißer Butter nachbraten.
Die Zwiebellendchen auf Kartoffelpüree anrichten und mit folgender Soße überziehen:
In die vom Braten zurückgebliebene Butter feingewürfelten Speck und feingeschnittene Zwiebeln geben, goldgelb anbraten, mit einem halben Glas Letscho, in Streifen geschnitten, ablöschen. Den Ansatz erhitzen, die in Scheiben geschnittenen Champignons, 2 Eßlöffel saure Sahne und 1 Teelöffel grobgemahlene Pfefferkörner dazu geben und alles kurz durchdünsten lassen.

Ihr Freunde, keiner tadle mich,
daß ich vom Schweine singe:
es knüpfen Kraftgedanken sich
oft an geringe Dinge.

Ludwig Uhland

Süß-saures Schweinefleisch

Zutaten:

500 g Schweinefleisch,
Korinthen,
Mehl,
Essig,
Sirup,
Zucker

500 g geräuchertes Schweinefleisch mit einer Handvoll Korinthen kochen. Die Soße mit Mehl andicken und mit Essig und Sirup, evtl. Zucker, abschmecken. Dazu gibt es Stärkeklöße.

Spanferkel

Ein besonderer Höhepunkt ist das Spanferkelessen.

Spanferkel gebraten

Das Spanferkel darf noch nicht gefressen haben, sondern nur von dem Säugen gut fett geworden sein. Wenn es geschlachtet ist, wird es abgebrüht, die Augen werden behutsam ausgestochen, und wenn es ausgenommen ist, wäscht man es gut aus und wässert es eine Stunde. Dann hängt man es auf, damit es gut abtropfe, trocknet es dann mit einem Tuche in- und auswendig ab, füllt den Rumpf mit einer Farce von abgerührter Butter, Eier, geriebener Semmel, kleinen Rosinen, feingewiegten Mandeln und etwas Salz, näht das Ferkel zu, auch da wo es gestochen ist, bindet die Vorderfüße nach vorn, die Hinterfüße nach hinten und brate es wie eine Gans in der Pfanne.

Man muß es oft mit zerlassener Butter bestreichen, nicht begießen, damit es eine scharfe Haut bekommt, und nehme sich in Acht, daß es nicht auf die Seite falle, wodurch die Haut weich wird.

Zum Bestreichen nimmt man eine Kuchenstreiche, oder in Ermangelung derselben eine Gänsefeder.

In die Bratpfanne lege man die Bratenleiter, damit das Ferkel hoch liegt, weil, wenn es zu tief in der Brühe liegt, die Haut nicht knorpelig wird.

Auch kann man das Spanferkel mit Kartoffeln und Maronen füllen, oder man macht folgende Fülle zu einem Spanferkel: die Lunge, das Herz und die Leber des Ferkels werden in Salzwasser abgekocht, erstere auf einem Reibeisen fein gerieben, letztere fein gewiegt. Dann tut man Zitronenschale, Thymian, Basilikum, Majoran, Pfeffer und Salz, von jedem eine starke Prise dazu, reibt ein Stück Butter zu Schaum, nimmt 3 - 4 Eier, eine in Wasser eingeweichte und wieder ausgedrückte Mundsemmel dazu, und rührt alles gut durcheinander, und macht aus diesem, nebst noch etwas geriebener Mundsemmel eine Farce, die nicht zu steif und nicht zu lauter ist.

(Mundsemmel ist eine etwas feinere Semmel)

Um das Spanferkel recht schön schnorplich und rasch zu braten, bestreicht man es während des Bratens öfter mit einem Stück Speck.

Spanferkel heute

Ein sehr junges Ferkel wie schon beschrieben vorbereiten. Nach dem Trocknen wird es mit einer kräftigen Salzlösung gespritzt.

Es kann dann am Spieß, in der Bratröhre oder im Backofen gebraten werden. Dazu gibt es Brot und scharfen Senf.

Rindfleisch

Das Rindfleisch hielt etwas später Einzug in die Küchen Thüringens. Da die Rinderzucht aufwendiger ist, ist auch das Fleisch teuerer, so daß es die ärmere Bevölkerungsschicht ganz selten auf den Tisch bringen konnte. Es ist im Geschmack kräftiger wie Schweinefleisch.

Rinderbraten

Zutaten:

1000 g Schmorfleisch,
75 g Speck,
4 Eßlöffel Öl,
4 Zwiebeln,
1/4 Knolle Sellerie,
1 Möhre,
1 Salatgurke,
3 Eßlöffel Tomatenmark,
3/4 l Brühe,
0,2 l Rotwein,
1 1/2 Eßlöffel Mehl,
Salz, Pfeffer,
Knoblauchsalz, Majoran

Das Rinderschmorfleisch mit Salz, Pfeffer, Knoblauch oder Knoblauchsalz kräftig würzen und in einer Mischung von grob ausgelassenen Speckwürfeln und heißem Öl von allen Seiten schön braun braten. Dabei immer wieder mit dem Bratfett und dem sich bildenden Saft begießen. Dann aus der Pfanne nehmen und vorläufig warm stellen. Im Bratfett grobe Würfel von Zwiebel, Möhre und Sellerie anschwitzen, mit etwas Majoran würzen, das Tomatenmark dazu geben, alles ein wenig durchschwitzen lassen, mit Mehl bestäuben, mit Rotwein auffüllen, etwas Brühe dazu geben und aufkochen lassen. Das Fleisch in den Gemüseansatz zurück geben und zugedeckt in der Röhre garen lassen. Wenn es fast gar ist, kleine Würfel von geschälter Salatgurke untermischen und mit Thüringer Klößen servieren.

Sauerrouladen

Zutaten:

4 - 6 Scheiben Rinderrouladenfleisch,
4 - 6 Scheiben Bauchspeck,
4 - 5 kleine Gewürzgurken,
3 Zwiebeln,
1/4 l saure Sahne,
1/2 l Brühe,
2 Eßlöffel Mehl,
1 Eßlöffel Tomatenmark,
2 Eßlöffel Butter,
2 Eßlöffel Schmalz,
Salz, Paprika,
Pfeffer, Senf,
Weinessig, Glutal

Die Rouladenscheiben mit Glutal, Pfeffer und etwas Paprika würzen. Dann dick mit Senf bestreichen, dünne leicht geklopfte Bauchspeckseiten drauflegen und nochmals leicht pfeffern. Die Zwiebeln in hauchdünne Scheiben schneiden und auf die vorbereiteten Rouladen verteilen, darauf die Gewürzgurken geben. Die Rouladen straff aufrollen, mit Fäden oder Klammern schließen und in eine Schüssel legen. Die saure Sahne mit 4 Eßlöffel Weinessig verrühren, über das Fleisch gießen und die Rouladen mindestens 2 Tage zugedeckt im Kühlschrank marinieren lassen. Zwischendurch zwei- bis dreimal wenden.

Die aus der Marinade genommenen Rouladen etwas abtropfen lassen, mit Paprika bestreuen, in Mehl wenden, in heißem Schmalz mit etwas Tomatenmark schön braun braten. Nach und nach etwas Butter dazu geben. Allmählich mit etwas Brühe auffüllen, die Hälfte der Marinade zugeben und alles zugedeckt bei schwacher Hitze schmoren bis das Fleisch weich ist (ca. eine Stunde). Die restliche Marinade mit einem Eßlöffel Öl verquirlen, zur Soße geben, kurz aufkochen lassen und nochmals pikant abschmecken.

Als Beilage Thüringer Klöße, Kartoffelklöße oder -püree und Rot- oder Weißkohl.

Das ist ein gemarterter Mann,
dessen Weib
nichts weiß von der Küche.
Es ist das erste Übel,
woraus sehr viele folgen.

Luther

Gegrillte Lendensteaks mit gebackenen Zwiebeln und Kartoffelhörnchen

Zutaten:

600 g Rinderfilet,
50 g Schmalz,
250 g Champignons,
60 g gekochter Schinken,
2 mittelgroße Zwiebeln,
2 Eßlöffel Tomatenketchup, 4 kleinere Zwiebeln zum Ausbacken

Das gereinigte Rinderfilet häuten, in Scheiben (etwa 150 g) schneiden und leicht flach klopfen. Seitlich mit einem spitzen Messer einstechen und die Öffnung erweitern, ohne das Steak ganz zu durchschneiden. Die geputzten und gewaschenen Champignons, die Zwiebeln und den gekochten Schinken, kleinschneiden, mit feingehackten Küchenkräutern, Pfeffer und Salz würzen. In einer Pfanne kräftig anschwitzen, ohne daß die Zwiebeln Farbe nehmen. Den Tomatenketchup dazu geben und die Mischung durchschwitzen lassen, bis die Feuchtigkeit verdampft ist und die Füllung eine trockene Bindung hat. Nach dem Abkühlen die Lendensteaks damit füllen, mit Rouladennadeln zustecken, mit Pfeffer und Salz würzen und von beiden Seiten zartrosa braten. Die kleinen Zwiebeln schälen, am Stielende mehrfach über Kreuz einschneiden, in schwimmendem Fett ausbacken und auf die fertig gebratenen Steaks setzen.

Zutaten für die Kartoffelhörnchen:

500 g Kartoffeln,
4 Eigelb,
50 g Speisestärke,
75 g Butter,
Salz, Muskat

Die frischgekochten Salzkartoffeln durch ein Sieb streichen. Mit der geschmolzenen Butter, den Eigelben und der Speisestärke auf offener Flamme mit einem Holzlöffel solange rühren, bis sich die Masse vom Topfboden löst. Mit Salz und geriebener Muskatnuß abschmecken. Die Kartoffelmasse auf einem Holzbrett zu einer Rolle (etwa 3 cm Durchmesser) formen, in gleichgroße Teile (etwa 10 cm Länge) schneiden, Hörnchen formen, mit dem Messerrücken einkerben, mit verquirltem Eigelb bestreichen und auf einem gefetteten

Blech bei Oberhitze in der Röhre backen. Die Hörnchen können auch mit Mehl bestäubt in schwimmendem Fett gebacken werden. Für ein gutes Gelingen ist die schnelle Verarbeitung der warmen Kloßmasse wichtig. Als Beilage empfehlen sich Blumenkohl, zarte grüne Bohnen, Karotten, Erbsen, Rosenkohl oder Champignons.

Löffelnocken

Zutaten:

500 g Rindfleisch,
125 g Speck,
2 Eier,
2 Eßlöffel Weißwein,
1 Eßlöffel gehackte Kräuter (Petersilie, Estragon, Basilikum),
1/2 geriebene Zitronenschale,
1 kleine Zwiebel,
2 Sardellenfilets,
1 Eßlöffel Semmelmehl,
1 Eßlöffeln Mehl,
50 g Butter,
1/2 l Brühe,
Salz

Rindfleisch und Speck durch den Fleischwolf drehen. Daraus mit den Eiern, dem Wein, den Kräutern, der Zitronenschale, der gehackten Zwiebel, den gehackten Sardellen, dem Semmelmehl und dem Mehl einen Hackfleischberg machen, evtl. mit Salz würzen. Aus dem Fleischteig mit 2 nassen Eßlöffeln Nocken abstechen. Die Butter in einer tiefen Pfanne zergehen lassen und die Nocken darin rundherum leicht anbraten, die Brühe zugießen und auf milder Hitze in etwa 10 - 15 Min. gar ziehen lassen.

Dazu gibt man Kartoffelsalat.

Kloppfleisch mit Kartoffeln

Zutaten:

1000 g Rindgleisch,
ca. 15 Kartoffeln,
Salz,
Pfeffer,
Butter,
Zwiebeln

Vom Rindfleisch schneidet man Handteller große und einen Finger dicke Scheiben, welchc man klopft und mit Salz und Pfeffer bestreut.
Den Boden eines gut gefetteten (mit Butter) Topfes belegt man mit Scheiben von rohen,geschälten Kartoffeln. Darauf legt man eine Schicht des vorbereiteten Fleisches, dann wieder Kartoffeln, dann etwas Butter, und so fährt man abwechselnd fort, bis der Topf ganz voll ist. Obenauf müssen aber Kartoffeln sein. Nun stellt man es bei Mittelhitze zugedeckt in die Röhre und läßt es zwei Stunden dämpfen.
Nach einer halben Stunde gießt man von Zeit zu Zeit etwas Fleischbrühe oder Wasser zu, so daß es, wenn es auf den Tisch kommt, fast ganz mit der Soße bedeckt ist. Nach Belieben kann man zu dieser Speise auch etwas klargewiegte Zwiebeln nehmen.

Vom Schöps- oder Hammel-, Schaf- und Lamm-Fleisch

Ein sogenannter Schöps ist immer gut zu gebrauchen. Eine fette natürliche Schöpskeule ist ein vortreffliches Gericht auf der Tafel.

Schafe wurden gern gehalten, da sie nicht viel Futter brauchten und außer dem Fleisch auch noch die Wolle lieferten.

So war das auch mit der Ziegenhaltung. Sie brauchten nur wenig Kartoffeln. Das Futter auf den Waldwiesen war fast ausreichend. Die Milch war eine willkommene Bereicherung in der Ernährung. Sie galt als besonders gesund und heilkräftig. Es wurde aber auch Butter und Käse gewonnen.

Hammelbraten in Buttermilch mit Kartoffel-Bohnen-Gemüse

(ein altes Thüringer Schäfergericht)

Zutaten:

750 - 1000 g Hammelkeule,
6 Eßlöffel Öl,
1 l Buttermilch,
2 Zwiebeln,
Salz, Pfeffer,
Paprika, Lorbeerblatt,,
Nelke, Knoblauch

für das Kartoffel-Bohnen-Gemüse:

600 g Kartoffeln, 1 Dose grüne Bohnen (oder frische Bohnen),
3 Eßlöffel Tomatenmark,
1 Eßlöffel Mehl,
1/4 l Sahne,
Salz, Pfeffer, Thymian

Die Hammelkeule (ohne Knochen) mit einigen Knoblauchzehen spicken, mit Salz, Pfeffer und Paprika einreiben und in ein entsprechend großes Karamik- oder Tongefäß legen. Die Buttermilch mit geriebenen Zwiebeln, zwei bis drei Lorbeerblättern und etwas Nelkenpulver würzen, mit 2 Eßlöffeln Öl über das Fleisch geben und alles 2 bis 3 Tage kühl, zugedeckt stehen lassen.

Dann die Keule gut abtropfen lassen, in heißem Öl scharf anbraten, häufig wenden und begießen. Nach und nach mit der Buttermilchmarinade auffüllen und zugedeckt garen lassen. Wenn das Fleisch gar ist herausnehmen und warmstellen. Den Bratensaft durchseihen und darin die in Würfel geschnittenen Kartoffeln, die vorher in Wasser halbgar gekocht wurden, fertigdünsten. Die Kartoffeln mit einigen zerdrückten Pfefferkörnern, wenig Salz, eine Spur Thymian und Tomatenmark würzen, zum Schluß die grünen Bohnen (ohne Flüssigkeit) untermischen. Das alles mit dem in saurer Sahne verquirlten Mehl binden und einmal aufkochen lassen. Den Hammelbraten in nicht zu dünne Scheiben schneiden, auf der Kartoffel- Bohnen-Mischung anrichten und alles nochmals in der Röhre erhitzen. Es darf ein wenig krustig werden.

Lammsteaks

Zutaten:

600 g Lammsteaks oder koteletts,
4 Eßlöffel Öl,
1 Zitrone,
50 g Butter,
4 Gewürzgurken,
2 Bund Lauchzwiebeln,
4 Eier,
Salz Pfeffer, Thymian

Die leicht geklopften Lammsteaks dünn mit Öl bestreichen. Von beiden Seiten mit Pfeffer und etwas Thymian würzen, mit etwas Zitronensaft beträufeln und 2 - 3 Stunden marinieren lassen. Die Steaks in wenig Öl oder Butter von beiden Seiten braun und knusprig braten, leicht salzen und vorläufig warmstellen. Im Bratfett Streifen von Gewürzgurken erhitzen, Streifen von Lauchzwiebeln dazu geben, durchschwitzen, die grob gehackten, gekochten Eier untermischen. Alles mit Pfeffer abschmecken. Diese Gurken-Zwiebel-Eiermischung über die Steaks geben und dazu Kartoffelsalat mit Rapünzchen servieren.

Kesselfleisch auf Schäferart

Zutaten:

500 g Lammbrust,
350 g Zwiebellauch oder Porree,
500 g Kartoffeln,
1 Eßlöffel Edelsüßpaprika,
1 Teelöffel schaffer Gewürzpaprika,
2 Eßlöffel Öl,
1 Eßlöffel Essig,
1/4 l Joghurt,
Knoblauchsalz,
Pfeffer, Petersilie

Die Lammbrust in mittelgroße Würfel schneiden. Zwiebellauch oder Porree in 2 cm lange Stücke, die rohen Kartoffeln in Scheiben.
Alles zusammen mischen, mit Knoblauchsalz, Pfeffer und der angegebenen Menge Paprika kräftig würzen, Öl, Essig und die grobgehackte Petersilie dazu geben. Alles mit soviel Wasser ansetzen, daß es eben bedeckt ist und garkochen.
Vor dem Anrichten Joghurt unterrühren und das Kesselfleisch mit reichlich Weißbrot, Stücken von grünen Gurken und halbierten Tomaten mit Zwiebelringen servieren.

Wildgerichte

Besonderer Beliebtheit erfreut sich, wie wo anders auch, das Fleisch vom Wild.
Als Festtagsbraten bevorzugt man das Reh.
Sein Fleisch ist zart und wohlschmeckend, aber fettarm. Deshalb sollte der Braten gespickt werden.
Zum Braten eignet sich am besten das Fleisch von Keule und Rücken. Der Hals und das Brustfleisch werden meist als Ragout oder Schmorgerichte verwendet. Leber, Herz, Lunge und Nieren, Milz, Hirn und Zunge - das sogenannte Jägerrecht - werden gleich in der Küche des Jägers zubereitet und als kulinarische Weidmanns - Spezialität angerichtet. Deshalb sind die Innereien vom Wild nur ganz selten im Handel erhältlich.

Das Reh ist ein vornehmer und zarter Braten

Rehbraten in feiner Rahmsoße

Zutaten:

1500 g Rehkeule oder -rücken,
100 g fetter Speck,
2 Eßlöffel Öl,
75 g Butter,
1/2 l heißes Wasser oder Brühe,
Salz
Pfeffer oder Wacholderbeeren

für die Soße:

2 Eßlöffel Mehl,
1 Eßlöffel Johannisbeer- oder Kirschkonfitüre,
besser noch Preiselbeeren,
1/4 l saure Sahne,
Salz, Pfeffer, Zitronensaft

Das Rehfleisch mit einem scharfen, spitzen Messer dünn häuten, abspülen und trockentupfen. Den gut gekühlten Speck in etwa 4 cm lange und 1/2 cm dicke Streifen schneiden und das Rehfleisch damit gegen die Faserrichtung spicken. Das Öl in einer entsprechend großen Pfanne stark erhitzen, die Butter zugeben und in diesem Fettgemisch das mit Salz und Pfeffer eingeriebene Fleisch von allen Seiten unter häufigem Übergießen 10 - 12 Minuten anbraten. 6 - 8 zerdrückte Wacholderbeeren an das Bratfett geben, nach und nach mit dem Wasser angießen—auch mit Rotwein möglich—und den Braten zugedeckt im vorgeheizten Ofen garen. Dabei ab und zu übergießen. Die Garzeit eines Keulenstückes etwa 90 Minuten, des Rückens 30 - 40 Minuten. Dann das Fleisch aus der Pfanne nehmen und warmstellen. Den Bratensatz mit etwas Wasser loskochen, mit angerührtem Mehl binden, die Konfitüre dazu geben, durchkochen lassen, mit Salz,

Pfeffer und etwas Zitronensaft abschmecken, mit saurer Sahne verfeinern, etwas durchziehen lassen und durchseihen.
Den Rehbraten in Scheiben schneiden (den Rücken in Stücke), mit der heißen Rahmsoße übergießen und mit Apfelrotkohl, Weinkraut oder Rosenkohl und Thüringer Klößen servieren.

Hasensauerbraten

Zutaten:

Keulen, Rücken und Läufcehen eines Hasen,
175 g Bauchspeck,
0,4 l Weißwein
3 Eßlöffel Öl,
250 g Suppengrün,
3 Zwiebeln
2 - 3 Eßlöffel Mehl,
1/4 l saure Sahne,
1 Zitrone,
1 Bund Peterslie
Salz, Pfeffer,
Knoblauch,
Wacholderbeeren,
Nelken, Thymian,
Lorbeerblätter,
Senf,
Zucker

Den Weißwein mit 1/2 l Wasser in einem entsprechend großen Topf zum Kochen bringen. Eine in Scheiben geschnittene Zwiebel, zwei zerdrückte Knoblauchzehen, zwei in Scheiben geschnittene Möhren, ein kleines Stück Sellerie, ein Bund Petersilie, 3 Lorbeerblätter, 1/2 Teelöffel, Thymian, ein paar zerdrückte Pfefferkörner und 2 - 3 gestoßene Nelken in Öl anschwitzen. Das alles in die Weinmarinade geben, leicht salzen und zugedeckt 10 - 15 Minuten langsam kochen lassen. Vom Feuer nehmen, den Saft einer halben Zitrone unterrühren, etwas abkühlen lassen und dann die von Sehnen befreiten, gehäuteten Keulen, die Läufchen und den ebenfalls gehäuteten, in drei Teile gehackten Hasenrücken hineinlegen. Die Beize muß das Fleisch ganz bedecken. Das Hasenfleisch zugedeckt und kühlgestellt, in der Beize 3-4 Tage marinieren lassen. Ab und zu wenden. Dann herausnehmen, abtropfen lassen, trockentupfen, salzen, pfeffern, in einem entsprechend großem Brat- oder Schmorgefäß in grobgewürfeltem, ausgelassenem Bauchspeck von allen Seiten schön braun braten und wieder herausnehmen.

In das Bratfett Scheibenzwiebeln, zerdrückte Wacholderbeeren, Möhren, Sellerie und Porree, sehr fein geschnitten sowie einige Petersilienstengel geben. Das Wurzelwerk einige Minuten leicht bräunen lassen, mit Mehl bestäuben, weiterrösten und mit Beize auffüllen. Alles mit dem Schneebesen gut verrühren. Das angebratene Hasenfleisch in den Soßenansatz zurück geben und zugedeckt bei mäßiger Hitze garen lassen. Dabei öfter wenden und übergießen. Wenn das Fleisch gar ist, die Stücke aus der Soße nehmen und warmstellen. Die Soße mit Zitronensaft, etwas Zucker, 1 Eßlöffel Senf und saurer Sahne verfeinern. Dann durchsieben, einige Butterflocken dazu geben und vielleicht noch mit zwei bis drei Teelöffeln schwarzen Johannisbeeren abrunden. Das Fleisch in die Soße zurückgeben und nochmals erhitzen.

Als Beilage Thüringer Klöße und Rotkohl oder Salzkartoffeln und Salat.

Es war einmal ein braver Koch,
geschickt im Appretieren; dem fiel es
ein, er wollte doch
als Jäger sich gerieren.

Er zog bewährt zu grünem Wald,
wo manches Wildbrett hauste,
und einen Kater schoß er bald,
der junge Vögel schmauste.

Sah ihn für einen Hasen an
und ließ sich nicht bedeuten,
gab viel und gute Würze dran
und setzt ihn vor den Leuten.

Doch manche Gäste das verdroß,
gewisse feine Nasen:
die Katze, die der Jäger schoß,
macht nie der Koch zum Hasen!

Johann Wolfgang von Goethe

Der Hirsch

ist unter dem Rotwildbret das vornehmste Geschlecht, sein Fleisch ist von gutem und angenehmen Geschmack.

Hirschrouladen

Zutaten:

4 - 6 Scheiben Hirschkeule (möglichst von der Oberschale)
4 - 6 Scheiben Schinkenspeck,
6 Zwiebeln,
2 Äpfel,
100 g Sellerie,
2 Gewürz- oder Senfgurken,
3 Eßlöffel Rosinen,
3/4 l Buttermilch,
1/8 l Sahne,
75 g fetter Speck,
2 Eßlöffel Tomatenmark,
4 Eßlöffel Mehl,
2 Eßlöffel Semmelmehl,
Salz, Pfeffer,
Wacholder,
Thymian,
Zucker,
Essig,
Senf,
1 Teelöffel gekörnte Brühe

Von der entsehnten Hirschkeule 4 - 6 Scheiben für Rouladen schneiden, gleichmäßig klopfen und mit Salz, Pfeffer und einer Spur Thymian würzen. Drei mittelgroße Zwiebeln, die geschälten und entkernten Äpfel und die Gurken fein hacken, den Sellerie roh dazu raspeln. Die gutgewaschenen Rosinen mit kochendem Wasser überbrühen, abtropfen lassen, mit 10 - 12 zerdrückten Pfefferkörnern zu der Mischung geben. Alles gut verrühren und mit 2 Eßlöffel Senf binden. Auf die vorbereiteten Hirschrouladenscheiben je eine Scheibe leicht geklopften Schinkenspeck legen. Die Mischung von Zwiebel, Apfel, Gurke, Sellerie, Rosinen und Senf darauf verteilen, dünn mit Semmelmehl überstreuen, straff zusammen rollen, mit einem Faden oder Nadel befestigen und von außen nochmals leicht salzen und pfeffern. Den Speck würfeln und auslassen. Die Rouladen von allen Seiten braun anbraten. An das Bratfett 10 zerdrückte Wacholderbeeren und einen Teelöffel Zucker geben. Dann leicht bräunen lassen, mit 1 Teelöffel Essig ablöschen, das Tomatenmark und 3 in grobe Würfel geschnittene Zwiebeln dazu geben. Kurz durchdünsten lassen, nach und nach mit 1/2 l Buttermilch und 1/8 l Brühe auffüllen und alles auf kleiner Flamme zugedeckt ca. 1 Stunde garen lassen. Des öfteren übergießen.

1/4 l Buttermilch mit 1/8 l Sahne und 2 Eßlöffel Mehl in einer kleinen Pfanne ohne Fett trocken rösten, auskühlen lassen, durchsieben, mit wenig Wasser anrühren und mit der Mischung von Sahne, Buttermilch und ungeröstetem Mehl zur Bindung an die Soße geben. Aufkochen lassen und nochmals mit etwas Zucker, Senf und Pfeffer abschmecken.

Als Beilage Thüringer Klöße und Apfelkompott mit Zimt oder Heidelbeeren.

Wildschweinfleisch auf Weidmannsart

Zutaten:

1500 g Wildschweinfleisch,
6 Zwiebeln,
350 g Suppengrun
6 Eßlöffel geriebener Meerrettich,
3 Knoblauchzehen,
Salz,
Lorbeerblätter,
Thymian,
Majoran,
Koriander,
Pfefferkörner,
Kümmel,
Wacholderbeeren,
1 Bund Petersilie

Das ausgelöste Wildschweinfleisch (Fett, Sehnen und Haut entfernen) gut waschen, in grobe Würfel schneiden und in einem entsprechend großen Topf mit soviel heißem Wasser übergießen, daß die Fleischwürfel gerade bedeckt sind. Aufkochen lassen, abschäumen, das in grobe Stücke geschnittene Suppengrün, 3 halbierte Zwiebeln und die in Scheiben geschnittenen Knoblauchzehen dazugeben. Mit Salz, 3 Lorbeerblättern, je einer Messerspitze Majoran, Thymian und gestoßenem Koriander, 1 Teelöffel grob zerdrückten Pfefferkörnern, 1/2 Teelöffel gehacktem Kümmel und 10 zerdrückten Wacholderbeeren würzen und auf kleiner Flamme langsam kochen lassen (ca. 2 1/2 bis 3 Stunden). Das Fleisch mit einem Schaumlöffel herausnehmen, in eine vorgewärmte Schüssel geben, die restlichen geschnittenen Zwiebeln, die gehackte Petersilie und den frisch geriebenen Meerrettich darüberstreuen. Das alles mit der restlichen durchgeseihten Brühe übergießen.

Dazu Petersilienkartoffeln, das mitgekochte Suppengrün und Stücke von Senf- und Salzgurken.

Das Kaninchen

wird wie der Hase behandelt, ist aber in der Lebensweise und im Fleisch sehr verschieden. Das Kaninchenfleisch ist viel zarter, saftiger und weißer als beim Hasen.

Gefülltes Kaninchenfilet

Zutaten:

2 Kaninchenrücken,
1 Kaninchenleber,
100 g gehacktes Schweinefleisch,
100 g gehacktes Rindfleisch,
3 Eier,
2 Eßlöffel Semmelmehl,
2 Gemüsepaprikas,
50 g Rauchspeck,
Salz,
Glutal,
Pfeffer,
Paprika,
Petersilie,
Öl zum Bestreichen

Den Kaninchenrücken von den Knochen lösen, jedes Filet auf der ganzen Länge etwa 1/2 cm tief einschneiden, auseinanderklappen und innen mit Salz, Pfeffer und Paprika würzen. Von dem gehackten Rind- und Schweinefleisch, den Eiern und dem Semmelmehl einen Fleischteig bereiten. Speck- und Paprikawürfel sowie die Kaninchenleber untermischen und mit Salz, Glutal, Pfeffer und reichlich gehackter Petersilie abschmecken. Diese Masse in die Kaninchenfilets füllen. Die gefüllten Filets auf ein leicht geöltes Stück Aluminiumfolie legen, zusammenfalzen, daß kein Fleischsaft auslaufen kann und das dann bei einer Temperatur von 260° etwa 20 - 22 Minuten in der Röhre oder im Grill garen.

Dazu Kartoffelpüree und zartes Gemüse reichen.

Das gefüllte Filet kann auch kalt serviert werden. und eignet sich ausgezeichnet für das kalte Büfet.

Geflügel

Weihnachtsgänse

Nicht vergessen möchten wir aber den obligatorischen Weihnachtsbtraten!

Gänsebraten mit Äpfeln

Zutaten:

1 Gans (etwa 5 kg),
Salz, Pfeffer,
500 g kleine Apfel,
Beifuß,
1 1/2 l Salzwasser,
1/8 l Fleischbrühe

Die vorbereitete Gans innen salzen und pfeffern. Die Äpfel schälen, das Kernhaus ausstechen. Zusammen mit dem Beifuß in die Gans füllen und zunähen. Das Salzwasser in die Saftpfanne des Backofens gießen, die Gans mit der Brustseite nach unten hineinlegen und bei 200°C 1 Stunde schmoren lassen. Dann wenden und unter häufigem Begießen etwa 2 Stunden weiterbraten. Zwischendurch etwas anstechen, damit das Fett ausbrät. Die Soße entfetten, den Bratfond mit der Brühe loskochen, in ein Töpfchen gießen und wieder etwas einkochen lassen. Die Gans tranchieren, auf einer vorgewärmten Platte anrichten. Die Soße extra reichen.

Mit Thüringer Klößen auftragen.

Und wie köstlich anzusehen
ist die wohlgebratene Gans,
hat der Mensch sie vor sich stehen
in dem knusprig braunen Glanz.
Ja, von ihrem Duft umfächelt
leuchtet jedes Angesicht,
und es schmunzelt gar und lächelt der
verstockte Bösewicht.

Sie ist lieblich, sie ist lecker
und beseligt alle Leut',
selbst den Schlemmer und den Schlecker,
den die Leber hoch erfreut.
Sie verklärt im November
grauer Tage trüben Schein,
duftet froh durch den Dezember
bis ins neue Jahr hinein.

Drum erhebt die vollen Becher
mit des edlen Rheinweins Flut!
Lobt die Gans, ihr frohen Zecher,
sie ist edel, sie ist gut!
Ja, das Alter und die Jugend
halte hoch die Gans und wert:
Dankbarkeit ist eine Tugend,
die den Menschen ziert und ehrt.

Heinrich Seidel

Putenbraten

Zutaten:

2 Putenbrüste,
50 g Bauchspeck,
100 g Butter,
2 Möhren,
1/4 Knolle Sellerie,
2 Zwiebeln,
2 Eßlöffel Tomatenmark,
1 Eßlöffel Mehl,
1 Glas Weißwein (0,2 l),
1/8 l Kaffeesahne,
Salz,
Glutal,
Paprika,
Petersilie

Die Putenbrust mit Salz, Glutal und Edelsüßpaprika einreiben, in einer Mischung von grob geschnittenen, ausgelassenen Speckwürfeln und Butter anbraten, mit verdünntem Tomatenmark übergießen und ab und zu mit etwas Weißwein und Brühe ablöschen. In einer Pfanne Butter zerlassen, geraspelte Möhren und Sellerie sowie Zwiebelscheiben darin anschwitzen. Mit Glutal bestreuen und mit etwas Mehl bestäuben. Wenn die Putenbrust etwa halbgar ist, den Gemüseansatz dazu geben. Alles zugedeckt garen lassen. Vor dem Anrichten mit Kaffeesahne verfeinern und mit gehackter Petersilie überstreuen.

Dazu Petersilienkartoffeln und Tomatensalat.

Fischgerichte

Der Fisch war und ist in der Küche von Thüringen sehr beliebt. In den heimatlichen Gewässern gibt es Forellen, Äschen und auch hin und wieder Aale. Karpfen werden in oft künstlich angelegten Teichen gezüchtet. Während der Hering schon in frühester Zeit in der Küche von armen Leuten angeboten wurde, hielt die Forelle und der Karpfen erst später Einzug.
Der Hering gebraten, geräuchert oder eingemacht bereichert den Speisezettel. Auch hier spielte die finanzielle Lage eine große Rolle. Böse Zungen behaupten, daß bei den armen Leuten eine Schüssel Pellkaroffeln auf dem Tisch stand und der Hering an der Decke hing.
Glaubt man älteren Menschen, so waren Pellkartoffeln und geräucherter Hering ein Festessen.

Thüringer Bachforelle in Suppengrün gedünstet

Zutaten:

4 - 6 Forellen (je 300 - 400 g),
375 g Suppengrün (Möhre, Sellerie, Porree u.a.),
2 Zwiebeln,
100 g Butter,
1 Glas Weißwein (0,2 l),
1/8 l Wasser,
1 Bund Petersilie,
Salz,
Pfefferkörner,
2 Eßlöffel Kräuter- oder Weinessig

Die Forellen ausnehmen, die Kiemen entfernen, gut waschen und nur innen leicht salzen (die Schleimhaut darf nicht verletzt werden). In einer entsprechend großen, möglichst flachen Pfanne mit Deckel die Butter zerlassen, darin ganz dünne Zwiebelscheiben und feine Streifen von Suppengrün andünsten. Mit Salz und 1 Teelöffel gestoßenen Pfefferkörnern würzen und nach einer Weile den Essig angießen. Auf diesen Ansatz die vorbereiteten Forellen geben. Dann mit Weißwein übergießen, reichlich gehackte Petersilie darüberstreuen und mit 1/8 l Wasser auffüllen. In dem Wasser 1 Eßlöffel Salz auflösen. Bei ganz kleiner Flamme zugedeckt etwa 25 Minuten dünsten lassen. Sobald sich die Rückenflossen leicht herausziehen lassen, sind die Forellen gar.

Mit etwas Sud übergossen auf dem gedünsteten Suppengrün anrichten und dazu Salzkartoffeln und Kräuterbutter reichen.

Thüringer Bachforelle

Forelle „Müllerin Art“

Zutaten:

4 - 6 Forellen,
75 g Butter,
3 Eßlöffel Mehl,
3 Zitronen,
Salz und Pfeffer

Die Forellen ausnehmen, Waschen, abtupfen und dann innen und außen mit Salz und Pfeffer würzen, in Mehl wenden und bei nicht zu starker Hitze in schäumender Butter braten. Ab und zu wenden, häufig mit Butter begießen (Garzeit 20 - 25 Min.).
Mit Petersilienkartoffeln oder Salzkartoffeln servieren.

Hering mit Pellkartoffeln

Zutaten:

1500 g Salzheringe,
1/4 l Milch,
1/2 l Buttermilch,
4 - 5 Eßlöffel Sahnequark
oder Mayonaise,
4 Zwiebeln,
3 - 4 saure oder Gewürzgurken,
1 Zitrone,
1 - 2 Äpfel,
2 Eßlöffel Öl,
Essig,
Lorbeerblätter,
Gewürzkörner,
Pfefferkörner

Die Salzheringe gut waschen und ausnehmen. Kopf und Schwanz abschneiden. Über Nacht wässern und dann 3 - 4 Stunden einlegen. Die so vorbereiteten Heringe abwechselnd mit Zwiebelringen, Scheiben von Gurken und Zitronen (ohne Schale), Apfelstückchen, 4 Lorbeerblättern, 8 - 10 Gewürzkörnern in eine Schüssel oder Topf schichten. Quark oder Mayonnaise mit Buttermilch und der Milch geschmeidig rühren, mit einigen Spritzern Essig, einer Prise Salz und Öl abschmecken und über die Heringe gießen. Die Marinade muß die Heringe bedecken. Ein bis zwei Tage zugedeckt und kühlgestellt durchziehen lassen.

Mit Pellkartoffeln anrichten.

Hausmacher-Heringssalat

Zutaten:

4 Delikateßheringe,
125 g Schinkenwurst,
2 Äpfel,
6 Pellkartoffeln,
2 Eier,
2 Gewürwurken,
1 Zwiebel,
2 Eßlöffel Öl,
57 g fetter Speck,
Salz, Pfeffer,
Essig,
Senf,
Petersilie,
Kapern

Die Heringe in Streifen wie für Gabelbissen, die Wurst und die Äpfel in feine Scheiben, die gekochten Eier und Gurken halbieren und in Scheiben schneiden, die Kartoffeln wie für Kartoffelsalat vorbereiten. Alles zusammenmischen und mit Öl, einer geriebenen Zwiebel, gehackten Kapern, Senf, Essig, Salz und Pfeffer sowie reichlich gehackter Petersilie abschmecken. Den Speck würfeln, vorsichtig auslassen und mit dem Speckfett heiß zum Salat geben. Nochmals durchmischen und gut durchziehen lassen.

Gebratene grüne Heringe

Zutaten:

4 - 6 Küchenfertige Grüne Heringe,
20 g Weiznmehl,
Salz, Pfeffer,
Speiseöl

Die Heringe reinigen und trockentupfen. Salz Pfeffer und Mehl mischen und Heringe darin wenden. Das Öl erhitzen und die vorbereiteten Heringe darin braten. Bratzeit: 6 - 8 Minuten. Mit Salzkartoffeln servieren.

Karpfen

Schuppenkarpfen, Lederkarpfen, Spiegelkarpfen - Fleisch, das auf der Zunge zergeht.

Die Teichkarpfen muß man eine Zeitlang in fließendes Wasser setzen, damit der Schlamm abgespült wird. Am Beliebtesten sind die 2 - 4 Pfünder.

Karpfen gebacken

Zutaten:

1 Karpfen ca. 3 - 4 Pfund,
Salz,
Mehl,
Bratfett,
Butter

Den geputzten und gewaschenen Karpfen in Portionen schneiden. Dann gut Salzen und in Mehl wälzen, dann in die vorgewärmte, gefettete Pfanne legen, mit zerlassener Butter beträufeln und bei 160 - 180 Grad in die Backröhre stellen. Das Filet bäckt 6 - 7 Minuten, Stücke mit Gräten brauchen 12 Minuten zum Garen. Der Fisch wird in der Pfanne oder mit Bratfett begossen auf einer vorgewärmten Platte zu Tisch gebracht.
In Butter geschwenkte Salzkartoffeln oder Bratkartoffeln, Gurken- oder Kopfsalat schmecken gut dazu.

Karpfen blau

Zutaten:

1 Karpfen etwa 1500 - 2000 g,
2 1/2 l Wasser,
3/8 l Kräuteressig,
50 g Salz,
1 mittelgroße Zwiebel,
1 mittelgroße Möhre,
100 g Sellerie,
10 Pfefferkörner,
2 Lorbeerblätter,
1 Zitrone,
1 Pund Petersilie

Den Karpfen wie üblich ausnehmen (Die Kiemen entfernen) und in Portionsstücke teilen. Damit die Schleimhaut nicht verletzt wird, sollte man imimmer mit feuchten Händen und Tüchern arbeiten.
Etwa 2 1/2 l Wasser mit Essig, Salz, Zwiebel, Möhre, einigen Stücken Sellerie und Petersilie, den Pfefferkörnern und dem Lorbeerblatt eine Viertelstunde kochen lassen. Dann die Karpfenstücke einlegen und in dem heißen Sud 25 - 30 Minuten ziehen lassen. Danach die Stücke herausnehmen, abtropfen lassen, anrichten und mit Zitronenecken, Petersilie und geriebenem Meerrettich garnieren.

Mit zerlassener und gebräunter Butter und Petersilienkartoffeln anrichten.

Karpfen blau

> Der Tisch war gedeckt.
> Hier fand ich ganz die altgermanische Küche.
> Sei mir gegrußt, mein Sauerkraut,
> holdselig sind deine Gerüche?
>
> Heinrich Heine

Das große Thüringer Topfwurst-Sauerkraut-Festessen

Die Zubereitung:
Sauerkraut je Person etwa 250 g auf die übliche Weise zubereiten. In einen großen, nicht zu hohen Topf schichtet man das fertige Sauerkraut abwechselnd mit

- kleinen geräucherten Bratwürsten
- einer Halberstädter Ringwurst
- großen Stücken Bierschinken oder Jagdwurst
- geräucherten Geraer Bockwürsten
- einem Ring Hausmacher-Blutwurst
- Stücken von anderen Thüringer Wurstsorten und
  legt auf die oberste Schicht Sauerkraut noch
- 1 Ring Hausmacher-Leberwurst.

Den Topf mit dem Sauerkraut und der Wurst läßt man zugedeckt auf ganz kleiner Flamme stehen, damit sich die Wurst im Sauerkraut langsam erwärmt und ihren Geschmack voll entfalten kann.

Das Festessen beginnt, wenn der große Topf dampfend in der Tischmitte steht, flankiert von Schüsselchen mit Meerrettich, Senf- oder Salzgurken, Rettichsalat, viel grobgeschnittenem Bauernbrot sowie Senf, Pfeffer und Salz zum Nachwürzen.

Brotzeit

Garniertes Sauerkraut

Zutaten:
Sauerkraut: je Person etwa 250 g, mitSpeck, Wacholderbeeren und Madoran in etwas Wurstbrühe gedünstet
gewürfelte Kartoffeln:
je Person etwa 200 g, mit Salz, gehacktem Kümmel, wenig Koblauch und einem Lorbeerblatt nicht zu weich gekocht
zum Garnieren:
1 ThüringerRostbratwurst, eine angebratene geräucherte Bratwurst, 500 g gekochte, gepökelte Schweinerippchen, 2 Thüringer Rostbrätel, je 100 g Hausmacher-Blut- und Leberwurst, einige Scheiben (zu je 50 g) rasch ausgebratener Bauchspeck (das ausgebratene Fett zum Sauerkraut). Schwarzbrot, Gewürz- und Senfgurken, rote Rüben

Das mit 8 - 10 Wacholderbeeren und einer Messerspitze Majoran in etwas Wurstbrühe gedünstete Sauerkraut mit dem gewürfelten, ausgelassenen Speck und den gesondert gekochten, gewürfelten, mit gehacktem Kümmel, einem Lorbeerblatt und wenig Knoblauch gewürzten Kartoffeln mischen, auf einer Platte oder einer großen flachen Schüssel locker anrichten und garnieren: mit einer Thüringer Rostbratwurst, den gekochten Pökelrippchen, 2 Thüringer Rostbräteln mit gerösteten Zwiebeln, einer leicht angebratenen, geräucherten Bratwurst und dicken Scheiben von Hausmacher-Blut- und Leberwurst.

Dazu Schwarzbrot, Gewürz- oder Senfgurken, rote Rüben, Meerrettich, Senf und Pfeffer.

Auch unser edles Sauerkraut,
wir sollten's nicht vergessen.
Ein Deutscher hat's zuerst gebaut,
drum ist's ein deutsches Essen.

Ludwig Uhland

Im Topf zwei kleine Gurken lagen,
da hörte ich die eine fragen:
„Warum, Gefährtin, sind wir sauer?
Erklär mir diesen Fakt genauer!"
Drauf sprach die andere tief bewegt:
„Na ja, man hat uns reingelegt."

Lietz

Buntes Schlachtfest-Imbißbrot

Zutaten:

4 - 6 Scheiben Bauernbrot,
100 g Griebenspeckfett mit Majoran,
200 g Thüringer Hausmacher-Leberwurst,
200 g Hausmacher-Blutwurst,
125 g Stangenkäse (Harzer) oder Camembert,
3 Zwiebeln,
3 Rollmöpse,
4 - 6 kleine Gewürzgurken oder Stücke von Salzgurken,
Radieschen,
Rettich,
Petersilie,
Pfeffer,
Senf

Jedes Imbißbrot mit etwa 20 g Speckfett gleichmäßig bestreichen. Eine Hälfte der Schnitte mit Hausmacher-Blutwurst, die andere mit Hausmacher-Leberwurst belegen, die Blutwurst mit etwas Senf bestreichen, die Leberwurst kräftig mit gestoßenen Pfefferkörnem würzen. In die Mitte der Schnitte eine oder zwei dicke Scheiben Stangenkäse oder Camembert legen, mit Zwiebelringen und etwas Petersilie verzieren. Die Imbißbrote mit Radieschen oder dünnen Rettichscheiben, Stücken von Salzgurken oder Gewürzgurken, gehackten Zwiebeln, etwas Senf und einem halben Rollmops anrichten.

Petersilienkartoffeln

Zutaten: 800 g Kartoffeln, 50 g Butter oder Margarine, 4 Eßlöffel gehackte Petersilie

Geschälte kleine Kartoffeln in Salzwasser kochen. Die Butter zerlassen und über die abgegossenen Kartoffeln gießen. Mit Petersilie bestreuen und im zugedeckten Topf schwenken.

Zampe (auch Zamet oder Knoetsch)

3 große Kartoffeln schälen und in Salzwasser kochen, dann abgießen und das Wasser aufheben. Die heißen Kartoffeln mit 1 Eßlöffel Stärkemehl bestreuen und stampfen. Mit dem heißen Kartoffelwasser oder heißer Milch geschmeidig machen.

Zampe mit Mohnbrühe

Mohnbrühe:

125 g gestampften oder gequetschten Mohn mit heißer Milch brühen. Mit Salz und Zucker abschmecken und mit angerührtem Mehl sämig machen.

Zampe mit weißer Brühe

Weiße Brühe:

Milch mit Mehl, Zucker, Salz und Zimt zu einem flüssigen Pudding kochen zum Schluß Buttermilch unterrühren.

Das wurde gern während der Kartoffelernte gegessen.

Kartoffeln in der Früh,
zu Mittag in der Brüh,
des Abends mitsamt dem Kleid
Kartoffeln in alle Ewigkeit.

F. Regel

Flockzamet

Zamet, wie beschrieben, zubereiten, jedoch unter Zusatz von soviel Kartoffelstärke, daß der Brei ziemlich fest und formbar wird. Nun formt man Rollen mit einem Durchmesser von etwa 4 cm und nimmt davon mit einem vorher in heißes Fett getauchten Löffel mundgerechte Flocken ab. In eine Pfanne, in der viel Speck ausgebraten wurde, gibt man die Flocken und übergießt dann mit Speck und dem Fett.

Dazu ißt man Pflaumenkompott.

Huller

Aus Zampe werden Bällchen von 3 - 4 cm Durchmesser geformt, die in viel heißem Speckfett, fast schwimmend gebacken werde. Man gibt gebratene Speck- und Zwiebelstückchen über die Bällchen.

Dazu trinkt man sauere Milch.

Hüllerchen

Zutaten:

750 g Kartoffeln,
Salz,
3 Eßlöffel Kartoffelmehl,
100 g Butter,
250 g durchwachsener Speck,
500 g Zwiebeln

Kartoffeln schälen, waschen, in Salzwasser garkochen, abgießen, dämpfen. Dann mit dem Stampfer zerdrücken und das Kartoffelmehl unter ständigem Rühren zugeben, bis sich der Teig leicht zieht. Butter erhitzen, den gewürfelten Speck darin anbraten, die gewürfelten Zwiebeln hinzufügen und glasig werden lassen, aus der Kartoffelmasse kleine Bällchen formen, in die Specksoße geben und unter ständigem Rütteln so lange backen, bis sie glasig aussehen.

Im Tiegel zu frisch gebrühtem Kaffee servieren.

Thüringer Kartoffelpuffer

Zutaten:

1000 g rohe Kartoffeln,
500 g gekochte Kartoffeln,
2 Eier,
Salz,
Muskat,
4 Eßlöffel saure Sahne,
Bratfett,
Zucker

Die geschälten rohen Kartoffeln reiben und die gekochten Kartoffeln durchdrücken. Dann mit Eiern, Gewürzen und saurer Sahne vermengen. Sofort portionsweise in heißem Fett auf beiden Seiten goldbraun braten und mit Zucker bestreuen.

Was willst du mit dem
Dolche, sprich',
Kartoffeln schälen zum
Schaberich

Schaberich

(Eierkuchen von rohen Kartoffeln)

Große rohe Kartoffeln werden geschält, gewaschen auf einem Reibeisen oder mit einer Küchenmaschine gerieben, eine Stunde gewässert und dann durch eine Serviette recht trocken ausgedrückt. Einen gehäuften Teller voll von diesen Kartoffeln rührt man mit 2 Löffel Mehl, 6 Eidottern, Salz und ein wenig saurer Sahne zu einem dicken Brei, gibt den steifgeschlagenen Schnee der 6 Eiweiß dazu. In einem mit Butter oder Öl erhitzten Tiegel werden dann dünne Eierkuchen gebacken.
Man kann auch Speck und Zwiebeln unter die Masse geben.

Kartoffelpfanne

Zutaten:

750 g Kartoffeln,
4 Eßlöffel geriebenen Käse,
4 Eier,
1/8 l Milch,
Salz

Die Kartoffeln kochen, schälen, in Scheiben schneiden und in eine gut gefettete Pfanne legen. Darauf verteilt man den Käse und gießt die in der Milch verquirlten Eier und Salz darüber. Anschließend im Herd backen. Dazu reicht man frischen Salat.

Kartoffeln mit Zwiebeln

Zutaten:

150 g Butter,
10 Zwiebeln,
1 Eßlöffel Mehl,
Salz, Pfeffer,
1/4 l Brühe,
Essig,
Kartoffeln

In der zerlassenen Butter läßt man die in Scheiben geschnittenen Zwiebeln hellbraun schmoren, bindet mit dem Mehl ab, würzt mit Salz, Pfeffer und Essig, füllt die Brühe auf und läßt alles gut aufkochen. Während dieser Zeit kocht man Kartoffeln in Salzwasser, schneidet sie dann in Scheiben, gibt sie in die Zwiebelbrühe und richtet sie recht heiß an.

Thüringer Kartoffelsalat

Zutaten:

Kartoffieln,
2 Eßlöffel Öl,
100 g Speck,
Kartoffelmehl,
Essig,
Zwiebeln

Pellkartoffeln werden in noch heißem Zustand geschält und in Scheiben geschnitten. Dazu gibt man mehrere würfelig geschnittene Zwiebeln und hält sie warm. In dem erhitzten Öl wird der Speck ausgebraten und soviel Kartoffelmehl untergerührt, daß es eine nicht zu dünne Soße gibt und gießt dies über die Kartoffeln. Dann gibt man Essig nach Geschmack zu und der Salat ist fertig.

Kartoffelsalat mit Äpfeln und Sellerie

Zutaten:

750 g gekochte Kartoffeln,
3 Äpfel,
1/4 Knolle Sellerie,
2 Zwiebeln,
1/4 l Brühe,
100 g Speck,
1 Bund Petersilie,
Salz, Pfeffer,
Essig,
Zucker,
Speisewürze

Die Kartoffeln in wenig fast kochende Brühe schneiden, gut durchmischen, ziehen lassen, mit Salz, Essig, Zucker, Pfeffer und etwas Speisewürze abschmecken. Unter den noch warmen Kartoffelsalat roh in Streifen geraspelten Sellerie, dünne Apfelscheiben und gehackte Petersilie mischen. Den Speck in Würfel schneiden, auslassen, feine Zwiebelwürfel hell darin anschwitzen und diesen Ansatz heiß an den Salat geben.

Dieser Salat schmeckt ausgezeichnet zu Thüringer Rostbratwurst, Rostbrätel, kaltem Braten, Geflügel oder Fisch.

Himmel un Aarn

(Himmel und Erde)

Zutaten:

500 g Kartoffeln,
500 g Äpfel,
1/8 l Wasser,
50 g Speck
und etwas Rahm

Die geschälten und in Stücke geschnittenen Kartoffeln in dem gesalzenen Wasser halb weich kochen. Dann gibt man die geschälten und ebenfalls in Stücke geschnittenen Äpfel dazu und läßt alles zusammen gar werden. Danach zerdrückt man alles und verrührt es mit dem ausgelassenen Speck. Ein Schuß Rahm rundet das Ganze ab.

Zwiebelmarkt-Zwiebelpfanne

Zutaten:

750 g kleine Zwiebeln,
250 g Hackepeter,
125 g gehacktes Rindfleisch,
4 Eßlöffel Semmelmehl oder
3 eingeweichte alte Brötchen,
2 Eier,
4 Eßlöffel Butter,
3 Eßlöffel Mehl,
1/4 l Buttermilch,
2 Eßlöffel Tomatenmark,
4 Eßlöffel Kondensvollmilch,
Salz, Pfeffer,
Senf, Kümmel,
1 Bund gemischte Kräuter

Die Zwiebeln schälen, waschen, in etwa 1/2 l leicht gesalzenem Wasser aufkochen und etwa 10 Minuten langsam garziehen lassen. Von Hakkepeter, gehacktem Rindfleisch, Ei, Semmelmehl oder geweichten Brötchen, 1 Eßlöffel Senf, Salz und Pfeffer und 1 Teelöffel gehacktem Kümmel eine geschmeidige Hackmasse bereiten, davon kleine Klößchen formen und in zerlassener Butter unter häufigem Schwingen der Pfanne saftig braten. An das Bratfett das Tomatenmark geben, die Klößchen schön glasieren lassen, die Zwiebeln mit einem Schaumlöffel dazu geben und alles mit grobgehackten gemischten Kräutern überstreuen. Buttermilch mit Mehl, Kondensvollmilch, 1 Eßlöffel Senf und 1/2 Teelöffel gehacktem Kümmel gut verquirlen. Diese Mischung an die Klößchen mit den Zwiebeln geben. Nochmals pfeffern, einmal aufkochen lassen und mit Salzartoffeln, Kartoffelbrei oder Kümmelbrot und sauren Gurken oder roten Rüben servieren.

Suppen

Die Suppe sieben Aufgaben erfüllt:
Sie nimmt den Hunger, den Durst sie stillt;
sie füllt den Magen und reinigt den Zahn,
macht schlafen und daß man verdauen kann
und färbt mit Gesundheit die Wangen an.

Wer seine Arbeit fleißig tut,
dem schmeckt jede Suppe gut.

Linsen mit Rotwurst

Zutaten:

500 g Thüringer Rotwurst,
400 g Linsen,
4 Kartoffeln,
75 g Bauchspeck,
2 Eßlöffel Öl,
5 Zwiebeln,
1 Möhre,
1Sellerieknolle (ca. 100 - 150 g),
4 E.ßlöffel Mehl,
2 Eßlöffel gekörnte Brühe,
Salz,
Zucker,
Essig,
Pfefferkörner,
Senf,
Majoran

1 1/2 1 Wasser mit der gekörnten Brühe aufkochen und auskühlen lassen. Dic Linsen verlesen, gut waschen, abtropfen lassen und in der abgekühlten Brühe über Nacht weichen. Dann mit einer in Scheiben geschnittenen Zwiebel, dem geraspelten Wurzelwerk, etwas Salz und reichlich zerdrückten Pfefferkörnern auf kleiner Flamme weichkochen. Wenn die Linsen etwas halbgar sind (Probe machen), die in kleine Würfel geschnittenen, rohen Kartoffeln dazu geben und mit weichkochen lassen. Das Mehl in einer trockenen Pfanne braun rösten, ohne daß es verbrennt, abkühlen lassen, durchsieben, in wenig Wasser anrühren, zu den Linsen geben und kurze Zeit mit durchkochen lassen. Die Linsen süßsauer, mit reichlich Pfeffer und einer Spur Majoran abschmecken, gegebenenfalls auch 1 Eßlöffel Senf unterrühren. Den Speck auslassen, die in Ringe geschnittenen Zwiebeln darin ganz leicht bräunen, 1 Eßlöffel Zucker darüber streuen, der leicht bräunen soll, mit 1 Eßlöffel Essig ablöschen und an die Linsen geben. Die Rotwurst ohne Haut grob würfeln, in wenig Öl vorsichtig anbraten und zum Schluß unter die Linsen mischen oder portionsweise gleich auf die Teller verteilen.

Nur dieser eine Teller noch—
er wird gewiß nichts schaden.
Meine Suppe mundet besser doch
als ein stolzer Braten.
Greif recht zu, das Iieb ich sehr.
Hier ein neuer Teller!
Mach' die Schüssel völlig leer,
zwei sind noch im Keller.

Krylow

Schnippelsuppe

Zutaten:

250 g Schälrippchen,
2 Möhren,
1 kleine Knolle Sellerie,
1 Stange Porree,
2 Zwiebeln,
4 Kartoffeln,
175 g Rosenkohl,
200 g Wiener Würstchen,
2 Brötchen,
1 Eßlöffel Butter,
Salz, Pfeffer,
Lorbeerblatt,
Speisewürze

Die Schälrippchen gut waschen, in reichlich Wasser ansetzen. Nach dem Aufkochen gut abschäumen, mit Salz und einem Lorbeerblatt würzen, die angegebenen Gemüse und die Kartoffeln, in feine Scheiben geschnitten, die Rosenkohlröschen halbieren, in die Brühe geben und alles auf kleiner Flamme garkochen. Die gegarten Rippchen herausnehmen, das Fleisch von den Knochen lösen und in kleine Stücke schneiden. Die Brühe mit Salz, Pfeffer, einigen Tropfen Speisewürze und reichlich gehackter Petersilie abschmecken, das Rippenfleisch und die in feine Scheiben geschnittenen Wiener Würstchen als Einlage hinein geben. Die Suppe mit in Butter goldgelb gerösteten Weißbrotwürfeln anrichten.

Thüringer Schlachtfestsuppe

(Kesselsuppe)

Zutaten:

1 1/2 - 2 l würzige Wurstbrühe,
4 Zwiebeln,
250 g Wurzelwerk,
50 g Thüringer Hausmacher-Leberwurst,
125 g Thüringer-Hausmacher Rotwurst,
4 - 6 Scheiben Schwarzbrot,
2 Eßlöffel Öl,
1 Eßlöffel gestoßene Pfefferkörner,
1 - 2 Bund Petersilie,
Knoblauch,
Majoran,
Salz

Von der Wurstsuppe das Fett abschöpfen. In diesem Fett die in Scheiben geschnittenen Zwiebeln und das in Streifen geschnittene Wurzelwerk andünsten, die gestoßenen Pfefferkörner und 1/2 Teelöffel Majoran dazu geben, mit Wurstbrühe auffüllen und Leber- und Blutwurst ohne Darm darin verkochen. Schwarzbrot in kleine Würfel schneiden, in Öl rösten, mit Knoblauch würzen und die Brotwürfel mit reichlich frischgehackter Petersilie an die Suppe geben.

Pilzernte

Thüringer Pilzsuppe

Zutaten:

500 g Edelpilze,
Petersilie,
60 g Butter,
3 Eßlöffel Mehl,
Salz,
2 Eigelb,
5 Eßlöffel Sahne,
Fleischbrühe,
Muskat

Das Mehl röstet man in der Butter hellbraun, legt die gesäuberten und in Scheiben geschnittenen Pilze dazu, würzt mit Salz und dünstet sie gar. Danach füllt man die nötige Brühe auf, zieht mit Eigelb ab, gibt etwas Muskat, die Sahne und gewiegte Petersilie dazu.

Man richtet die Suppe über geröstete Semmelscheiben an.

Kartoffelsuppe

Zutaten:

1000 g Kartoffeln,
3 Möhren,
1 kleine Sellerieknolle,
2 Stengel Porree oder
2 Zwiebeln,
1 Eßlöffel Kümmel,
1 Eßlöffel Mehl,
100 g Speck,
Salz, Pfeffer

Die geschälten und in Stücke geschnittenen Kartoffeln mit dem Kümmel und dem Salz in reichlich Wasser oder Knochenbrühe ansetzen und halb weich kochen. Dann gibt man das geputzte und kleingeschnittene Gemüse dazu und läßt alles zusammen gar werden, schmeckt mit Salz und Pfeffer ab und bindet mit dem ausgelassenen Speck, in welchem das Mehl leicht gebräunt wurde ab.

Kartoffelsuppe

Zutaten:

1000 g Kartoffieln,
100 g Speck,
2 mittlere Zwiebeln

Kartoffeln schälen, wie Salzkartoffeln kochen, passieren. Es dürfen keine Klümpchen entstehen. Speck und Zwiebeln leicht rösten, dazu geben, mit Majoran, Kümmel und Pfeffer abschmecken.

Dazu reicht man Bockwürste.

Mühle zwischen Wickersdorf und Rohrbach

Waldfrüchte/Kuchen

In früheren Jahren und auch nach dem 2. Weltkrieg spielten die Früchte des Waldes eine wesentliche Ernährungsgrundlage. In Scharen zogen die Leute zur Sommerzeit in den Wald um Pilze, Heidelbeeren, Preiselbeeren, Himbeeren oder Brombeeren zu sammeln. Das, was die eigene Familie nicht benötigte, wurde verkauft. Für die ärmsten war es oft die einzigste und wichtigste Einnahmequelle .
Favorit war die Heidelbeere. Man brauchte bei der Weiterverarbeitung nur wenig Zucker und sie ließen sich auch problemlos für den Winter konservieren.
Während man sie heute einweckt oder gefriert, hat man sie früher in Flaschen eingemacht.

Heidelbeeren, in Flaschen eingemacht

Frisch gesammelte Heidelbeeren verlesen und waschen. Die Flaschen (möglichst aus dunklem Glas) mit heißem Wasser gründlich reinigen und ausspülen.

Die Heidelbeeren in einem Topf unter ständigem Umrühren langsam erhitzen (ohne Flüssigkeitszugabe) und einige Minuten kochen lassen. Dann in die vorgewärmten Flaschen bis zum Flaschenrand füllen und abkühlen lassen. Nach dem Abkühlen in jede Flasche etwas kaltes abgekochtes Wasser geben und die Flaschen mit heiß abgespülten Gummikappen oder Korken verschließen. Früher wurden die Flaschen auch zusätzlich mit Kerzenwachs versiegelt. Die Flaschen stehend und kühl aufbewahren.
Dieses Heidelbeerkompott wurde im Winter zu allen möglichen Kartoffelgerichten, Hefeklößen oder zu Grießbrei verzehrt. Es wurde aber auch als Linderungsmittel bei fieberhaften Erkrankungen genutzt.

Typisch für Thüringen sind neben den Thüringer Klößen, den Rostbräteln und den Bratwürsten aber auch die Kuchen, die auf großen runden Blechen zu jedem Sonntag gebacken wurden.
Heute werden die großen Bleche nur noch bei besonderen Festlichkeiten, wie eine Hochzeit oder Konfirmation benutzt.
Der übliche Sonntagskuchen wird heute auf kleinen Blechen im eigenen Herd gebacken.
Grundlage für den Kuchen ist ein guter Hefeteig.

Heidelbeerkuchen

Hefeteig nach Grundrezept ausrollen, auf ein gefettetes Blech legen und einige Male einstechen. Kurz aufgehen lassen. Eine dicke Schicht sorgfältig verlesener Heidelbeeren darauf verteilen. Damit der Saft der Beeren nicht in den Teig eindringt, bestreicht man den ausgerollten Teig mit zerlassener Butter und bestreut ihn leicht mit Semmelmehl. Den Kuchen bei starker Hitze (200 - 220^{0} C) backen, bis die Ränder schön braun sind. Er kann dann gleich warm oder auch kalt verzehrt werden. Wenn er aus dem Ofen genommen wird, gleich mit Zucker bestreuen.

Preiselbeeren

Das Preiselbeerpflücken geht viel schneller. Sie müssen aber zu Hause mehrmals ausgelesen werden. Die noch unreifen Beeren werden in einer flachen Schüssel in einen kühlen, dunklen Raum gestellt und reifen dort nach. Die roten werden gleich verarbeitet. Sie lassen sich noch einfacher als Heidelbeeren konservieren.

Sehr beliebt waren

Preiselbeeren, im Steintopf eingemacht

Reife, rote Preiselbeeren waschen, abtropfen lassen und in einem großen Topf unter ständigem Umrühren ohne Flüssigkeitszugabe langsam bei kleiner Hitze zum Kochen bringen und einige Minuten kochen lassen. In einen heißen, aber trockenen Steintopf gießen. Nach dem Erkalten den Topf mit Pergamentpapier gut zubinden und kühl und trocken aufbewahren.
Vor dem Verzehr werden sie mit Zucker, Milch, saurem oder süßen Rahm vermischt. Sie können auch als Kuchenbelag verwendet werden. Gut schmecken sie aber auch wenn man sie mit Birnen zusammen einmacht. Der Geschmack wird dadurch milder.

Preiselbeeren mit Birnen

Zutaten:

5 l Preiselbeeren,
15 - 20 feste Birnen (geschält, entkernt, und geviertelt),
1 1/2 - 2 kg Zucker

Die Zutaten in einem Topf unter ständigem Rühren oder Rütteln des Topfes auf kleiner Flamme zum Kochen bringen und einige Minuten kochen lassen. Dann in heiß ausgespülte und abgetrocknete Steintöpfe füllen. Nach dem Erkalten mit in Alkohol getränktem Pergamentpapier zubinden. Das Kompott kann auch in Gläsern sterilisiert werden.

Etwas besonderes ist die

Preiselbeertorte

Zutaten:

1 Biskuitboden,
1/2 l Preiselbeerkompott,
15 g Gelatine,
1/4 l süße Sahne

Die Gelatine in einer dreiviertel Tasse kaltem Wasser einweichen und anschließend in einem Wasserbad bei 60° C auflösen, bis sie flüssig und klar ist. Dann unter das Preiselbeerkompott rühren, bis sie sich darin aufgelößt hat. Den Biskuitboden mit Butter bestreichen und den Rand der Torte durch einen Plastestreifen stabilisieren. Wenn der Preiselbeergelee zu erstarren beginnt, die Hälfte davon auf der Torte verteilen und kalt stellen, damit das Gelee schnell erstarrt. Unter den Rest des Gelees einen Viertelliter steife Schlagsahne ziehen und diese Masse auf der Torte verteilen. Die Torte vor dem Anrichten mit Schlagsahne und Stücken von Preiselbeerkompott verzieren.

In Thüringen ißt man auch gern Kuchen, die meist einen guten Hefeteig zur Grundlage haben

Hefekuchen

Zutaten:

500 g Mehl,
200 g Butter,
150 g Zucker,
1/8 l Milch,
30 g Hefe,
1/2 Teelöffel Salz

Die Butter und den Zucker tüchtig rühren, die übrigen Zutaten, einschließlich der in lauwarmer Milch aufgelösten Hefe hinzugeben und gut durchkneten. Nachdem er an einem warmen Ort „gegangen" ist, kann er weiter verarbeitet werden. Er ist sehr gut für Apfel-, Mohn- und Zwetschgenkuchen geeignet.
Butter und Zucker kann auch reduziert werden (60 - 80 g). Dann ist aber 1/41 Milch erforderlich.

Mohnkuchen

Zutaten:
Hefeteig nach Rezept
für den Belag:
600 g Mohn,
3/8 l Milch,
200 g Zucker,
125 g Mandeln,
150 g Rosinen,
1 Zitrone,
2 Messerspitzen Zimt,
75 g Grieß oder 150 g Zwiebackbrösel.

für den Guß:
3 Eier,
4 Eßlöffel Sahne oder Kondensvollmilch,
1 - 2 Eßlöffel Puderzucker

Den Mohn mahlen, mit Milch, Zucker und den feingeriebenen Mandeln zu einem dicken Brei kochen, mit Zitronensaft und Zimt abschmecken, den Grieß einstreuen und quellen lassen. Die gut gewaschenen, mit kochendem Wasser überbrühten Rosinen zum Schluß dazu geben. Den dünn ausgerollten Hefeteig auf ein gefettetes Blech geben und die Mohnmasse gleichmäßig darauf verteilen. Die Eier mit Sahne oder Kondensvollmilch gut verquirlen, über die Mohnfülle gießen und den Kuchen bei guter Mittelhitze etwa 30 - 40 Minuten in der Röhre backen. Mit Puderzucker bestreut servieren.

Großer Beliebtheit erfreut sich auch der „Quetschgerschkuche"

Einfacher „Quetschgerschkuche"

(Zwetschgenkuchen auf einfache Art)

Zutaten:

(für ein kleines Blech):
1 kg Zwetschgen,
Zimt,
Tafelöl,
Zucker

Auf einem Herdblech den Hefeteig ausrollen. Darauf entsteinte und geviertelte frische Zwetschgen dicht an dicht legen. Uber den Kuchen etwas Zimt streuen und ganz gleichmäßig feines Tafelöl darübergießen. Bei guter Hitze backen, bis sich die Ränder goldbraun färben. Nach Belieben Zucker darüber streuen.

Ganz frisch schmeckt der Kuchen am besten.

oder

Zwetschgenkuchen

Zutaten:

1 kg Zwetschgen,
1/2 kg Quark,
1 Ei,
1 - 2 Eßlöffel Mehl, Zucker u. Vanillezucker nach Geschmack,
etwas Milch

für den Guß:

1/2 l dicken sauren Rahm oder sauer gewordene Sahne,
1 - 2 Eier,
1 Eßlöffel Mehl,
2 - 3 Eßlöffel Zucker

Den Quark mit dem Ei, dem Mehl, Zucker, Vanillezucker und der Milch zu einer streichfähigen Masse verrühren. Dann auf den bereits ausgerollten Hefeteig gleichmäßig verteilen und die Zwetschgen darauf legen. Nach Belieben über die Zwetschgen eine Prise Zimt streuen. Unmittelbar bevor der Kuchen in den Ofen geschoben wird, den Guß löffelweise darauf verteilen Bei einer Hitze von etwa 200 - 220°C schön braun backen.

Zubereitung des Guß:
Den saueren Rahm oder die sauer gewordene Schlagsahne mit den Eiern, dem Mehl und dem Zucker verquirlen.

Viel Naschen macht leere Taschen.

Mandelkuchen

Zutaten:

Hefeteig
fur den Belag:
125 g Butter,
225 g Zucker,
250 g süße Mandeln,
1 Eßlöffel bittere Mandeln,
2 Eigelb,
2 Päckohen Vanillinzucker,
2 - 3 Eßlöffel Milch

Den Hefeteig ausrollen, auf ein gefettetes Blech geben und nochmals gehen lassen. Die Butter weich rühren, Eigelb, Zucker und Vannilinzucker dazugeben, die Mandeln, auch die bitteren, fein reiben (von den süßen etwa 1/5 nur grob hacken) und mit 2 bis 3 Eßlöffeln Milch unterrühren. Diese Masse gleichmäßig auf den Hefeteig streichen und bei guter Mittelhitze knusprig, aber nicht zu braun backen.

Sehr beliebt sind aber auch
—Streuselkuchen
—Pflaumenkuchen mit Streuseln
—Apfelkuchen mit Streuseln
—Apfelkuchen mit und ohne Decke
—Heidelbeerkuchen
—Kirschkuchen mit Streuseln
—Quark- und Kirmeskuchen

Zwiebelkuchen

Zutaten:

300 g Mehl,
100 g Butter,
1 3/8 / Milch,
25 g Hefe,
80 g Grieß,
100 g Öl,
1000 g Zwiebeln,
1 Ei,
10 g Kümmel,
Salz

Mehl, Butter, 1/4 l Milch, Hefe und 1 Prise Salz werden zu einem Teig verarbeitet. Er muß 1 Stunde gehen. Aus Grieß, 1 l Milch und 5 g Salz einen Brei kochen und abkühlen lassen.
Die Zwiebeln werden geschält, geraspelt und in dem Öl mit einer Prise Salz glasig gedünstet. Den Teig ausrollen, nochmals kurz gehen lassen, den Brei aufstreichen und die Zwiebeln darauf verteilen. Das Ei mit 1/8 l Milch verquirlen und über die Zwiebeln gießen, Kümmel aufstreuen. Bei guter Hitze backen.
Er wird heiß gegessen!

Windmühle in Dittrichshütte

Speckkuchen

Zutaten:

500 g Brotteig,
200 g Speck,
1/4 l saure Sahne,
8 Eier,
Kümmel,
Salz
1 Zwiebel

Der Brotteig wird auf einem Blech ausgerollt und mit dem in kleine Würfel geschnittenen Speck bestreut. Dann wird die saure Sahne mit den Eiern, einer Messerspitze Kümmel, etwas Salz und einer kleinen, feingewiegten Zwiebel verquirlt und über den Kuchen gegeben. Bei nicht zu starker Hitze wird der Kuchen in der Röhre gebacken und noch warm gegessen.

Es kann auch ungesüßter Hefeteig genommen werden!

Festtagseierkuchen fein gefüllt

Zutaten:

1/4 l Milch,
150 g Mehl,
2 Eier,
2 Eßlöffel Öl,
Salz,

für die Füllung:
4 Eßlöffel Milch,
2 Eßlöffel Rum,
75 g Zucker,
100 g geriebene Nüsse,
1 Eßlöffel Rosinen,
Zitronat und Orangeat

zum Übergießen:
3 Eßlöffel Sahne,
3 Eßlöffel Rum,
50 g Schokolade,
1 Eßlöffel Kakao,
75 g Zucker,
1 Eigelb

Von Mehl, Milch, Eiern und einer Prise Salz einen Eierkuchenteig bereiten und in heißem Öl kleine, dünne Eierkuchen ausbacken.
Die Nüsse mit Zucker, Rosinen und etwas feingehacktem Zitronat mischen und in 4 Eßlöffel Milch und 2 Eßlöffel Rum etwa eine halbe Stunde zugedeckt weichen lassen. Die Eierkuchen mit dieser Masse bestreichen, zusammenrollen, in eine leicht gefettete Auflaufform legen und für kurze Zeit in den vorgeheizten Ofen (etwa 200°) stellen.
Für den Überguß je 3 Eßlöffel Sahne und Rum mit Zucker erwärmen, die Schokolade darin auflösen, 1 Eßlöffel Kakao und zum Schluß unter ständigem Rühren ein Eigelb dazurühren und die Eierkuchen mit dieser Mischung übergießen.

Weihnachtsstollen

Thüringer Frühstückskuchen

Zutaten:

500 g Mehl,
1/2 Teelöffel Salz
30 g Zucker,
1/4 l Milch,
25 g Hefe

Aus den Zutaten bereitet man einen Teig, den man ausrollt, knetet und wieder ausrollt. Dies wiederholt man mehrere Male. Zuletzt rollt man ihn auf einem gefetteten Blech aus und läßt ihn über Nacht stehen. Am nächsten Morgen bestreicht man ihn mit Milch, bestreut ihn mit Zucker und bäckt ihn.
Er wird frisch gegessen.

Schittchen (Weihnachtsstollen)

Zutaten:

1500 g Mehl,
300 g Zucker,
750 g Fettigkeiten,
500 - 750 g Rosinen mit etwas Rum beträufeln,
250 g Mandeln,
1/2 l Milch,
1 abgeriebene Zitronenschale,
60 g Hefe,
1 Teelöffel Salz

In das gesiebte Mehl eine Vertiefung drücken und die mit 1/4 l Milch und 1 Eßlöffel Zucker verrührte Hefe zu einem Hefestück verarbeiten, mit einem Tuch abdecken und gut gehen lassen. Mehl, Zucker und Fett dürfen nicht kalt sein. Dann nach und nach alle Zutaten tüchtig hineinkneten und wieder gut gehen lassen. Nochmals durchkneten, zu Schittchen formen und nochmals etwas gehen lassen.
Danach im vorgeheizten Ofen etwa 1 Stunde backen, mit zerlassener Butter bestreichen und mit Staubzucker bestreuen.

Rudolstädter Bauernhäuser

Soßen

Der Thüringer hat auch eine Vorliebe für bestimmte Soßen. Damit sind Soßen gemeint, die herzhaft sind und wenig kosten.

Meerrettichsoße

Zutaten:

Kochrindfleisch oder Eisbein,
Butter,
Zwiebel,
Mehl,
Salz, Pfeffer,
Piment und Meerrettisch

Aus fettem Kochfleisch oder Eisbein eine kräftige Fleischbrühe herstellen. Mit frischer Butter, einer Zwiebel und etwas Mehl eine helle Mehlschwitze bereiten und diese mit der Fleischbrühe ablöschen. Mit Salz und viel weißem Pfeffer und etwas Piment abschmekken, einige Minuten kochen lassen und vom Feuer nehmen. Den rohen Meerettich reiben. Nach dem Meerettich noch eine halbe trockene Semmel auf dem Reibeisen reiben und diese mit den Meerettichspänen zusammen unter die heiße, aber keinesfalls mehr kochende Soße rühren. Die Soße darf ruhig sehr scharf sein.

Wird gern zu Klößen gegessen.

Petersiliensoße

Zutaten:

Geräucherter Schweinebauch oder Kaßler Rippespeer,
Salz, Pfeffer,
etwas Muskatnuß,
einen Schuß Weißwein,
1 - 2 Eier,
etwas süßen Rahm und frischgewiegte Petersilie

Das Fleisch weich kochen und aus der Brühe nehmen. Eine helle Mehlschwitze mit der Brühe ablöschen und einige Minuten kochen lassen. Die Soße mit Salz, Pfeffer und Muskatnuß oder einem Schuß Weißwein abschmecken. Ein bis zwei Eier mit süßem Rahm verquirlen und unter die kochend heiße Soße rühren, bis sich große Eierflocken bilden. Kurz vor dem Auftragen etliche Löffel frischgewiegte Petersilie unter die Soße ziehen.
Das Fleisch extra dazu anrichten!

Mit Zampe oder Salzkartoffeln anbieten.

Geprägt durch die Armut wurde darauf geachtet, daß alles was eßbar war auch verarbeitet wurde. Dazu gehörte auch beim Gänseschlachten oder Schweineschlachten das Blut. Auch Kaninchen- oder Gänseleber wurde so verarbeitet, daß die Familie satt wurde.

„Lawerkuche" (Leberkuchen)

Zutaten:

500 g Leber,
125 g Speck,
1 Zwiebel,
3 Eier,
1/8 l süßer Rahm,
1 Semmel.
Salz und Pfeffer nach Geschmack

Die Leber, Speck und die Zwiebel durch den Wolf drehen. Die Masse mit den Eiern, dem süßen Rahm und der eingeweichten und ausgedrückten Semmel, Salz und Pfeffer nach Geschmack vermischen und in einer gefetteten Pfanne oder Blech backen.

„Schwääß" (Gebackenes Blut)

Zutaten:

1/2 l frisches Blut,
1/2 l Milch,
2 große Zwiebeln,
2 Brötchen,
1 Handvoll Schmergriefen,
ca. 100 g Speck

Das Blut durch ein Sieb rühren und mit der Milch vermischen. Die Zwiebeln und Brötchen in Scheiben schneiden, mit den Schmergriefen und Speckwürfeln vermengen. In einer gefetteten Pfanne eine 3/4 Stunde backen.

Dazu gibt es Sauerkraut oder Kartoffelsalat.

Rezeptverzeichnis nach dem Alphabet

Verwendete Literatur:

Kochbuch von Emma Allenstein. - 7. Auflage - Gera 1872
Drummer, Kurt: Von Apfelkartoffeln bis Zwiebelkuchen.
Leipzig: Fachbuchverlag, 1872
Thüringische Landeszeitung (TLZ) vom 25. 09. 1982
Mündlich überlieferte Rezepte sowie eigene Erfahrungen